한국인을 위한

중국어 작문
CLINIC 클리닉

白水振, 李鐵根 지음

동양북스

한국인을 위한

중국어 작문 CLINIC 클리닉

초판 9쇄 | 2018년 3월 10일

지은이 | 백수진, 이철근
발행인 | 김태웅
편집장 | 강석기
편 집 | 권민서, 정지선, 김효수, 김다정
디자인 | 방혜자, 이미영, 김효정, 서진희
마케팅 총괄 | 나재승
마케팅 | 서재욱, 김귀찬, 이종민, 오승수, 조경현
온라인 마케팅 | 김철영, 양윤모
제 작 | 현대순
총 무 | 전민정, 안서현, 최여진, 강아담
관 리 | 김훈희, 이국희, 김승훈

발행처 | 동양북스
등 록 | 제10-806호(1993년 4월 3일)
주 소 | 서울시 마포구 동교로22길 12 (121-842)
전 화 | (02)337-1737
팩 스 | (02)334-6624
웹사이트 | http://www.dongyangbooks.com

ISBN 978-89-8300-952-4 03720

머리말

Foreword & Compositon

중문학이 이 땅에 자리잡은 지도 적지 않은 세월이 흘렀다. 그동안 많은 중국어 학습서가 쏟아져 나왔지만 대부분이 회화 중심의 교재였다. 전국의 중문과가 예외 없이 작문 수업이 있는데도 불구하고 작문 교재는 아직도 부족한 상태이다. 중국에서 외국인을 위한 작문책이 몇 권 출간되기는 했으나 예문의 상당수가 서구인의 작문 오류이다 보니 한국인의 오류 유형과는 잘 맞지 않다. 그나마 일본인의 작문 오류를 기초 자료로 하여 편찬된 책은 우리에게 도움은 되지만 작문 문제가 일본어로 되어 있어 보기가 어렵다. 또한 국내에서 출간된 초기의 작문책은 문법책의 내용과 별반 다를 게 없다. 한편 최근 들어 한국인의 작문 오류를 토대로 만든 책들이 중국과 국내에서 몇 권 출판 되었지만, 아직도 많이 미비한 상태이다. 현장에서 중국어를 가르치고 있는 저희 집필자는 이러한 저서들의 징검다리 역할을 할 수 있었으면 하는 바람에 위험을 무릅쓰고 「한국인을 위한 중국어 작문 클리닉」이라는 교재를 내놓게 되었다.

이 작문 교재는 중국과 한국의 대학에서 다년간 중국어를 가르친 원어민 교수와 한국인 교수가 공동으로 한국 학생들의 작문 오류를 분석 · 정리한 것이다.

본문에서 표제 예시로 쓰인 예문들은 오류 빈도수가 높은 것들로 정리된 것이다. 그래서 학습자 스스로도 작문했을 때의 오류와 일치할 때가 있다는 것을 동감할 것이다.

한국인이 잘 틀리기 쉬운 문장들을 통해 틀린 원인을 파악함으로써 또 다시 같은 실수를 범하지 않도록 문법적인 지식과 함께 상세히 설명을 덧붙였다.

또한 각 장의 연습문제와 종합문제를 통해 배운 문장을 복습하며 응용할 수 있도록 구성하였다. 아울러 본문 학습을 시작하기 전 중국어 학습을 돕기 위해 '중국어, 이렇게만 해라!'라는 새로운 중국어 학습법도 같이 소개했다. 이것은 중국어 학습교재의 질을 한층 높인 것이라 하겠다.

막상 책으로 편찬하고 보니 부족한 부분도 적지 않다. 오류 예문 자료의 부족으로 기존의 예문 자료들을 많이 빌렸다. 오류 원인에 대한 설명이 지나치게 광범위한 부분도 있고, 난이도 조절에서 어려운 예문도 많이 들어있다. 따라서 이 책에 대한 여러 학습자들의 아낌없는 비판과 질책도 바란다.

마지막으로 부족한 이 한 권의 책이 나오기까지는 단순히 문자 교정만이 아니라 내용에서도 많은 도움을 준 柳景垠 교수께 고마움을 표하며, 이 교재를 통해 중국어 학습에 정진하시는 여러분의 건승을 빈다.

2002년 7월
지은이 백수진, 이철근

중국어, 이렇게만 해라 8

Contents

Contents

Contents

중국어, 이렇게만 해라!

'동기유발학습이론' 이란?

'동기유발학습이론'에 따르면 외국어 습득 속도는 학습자의 학습동기와 정비례한다고 한다. 즉 본인과 직결된 관심분야일수록 언어를 쉽게 습득할 수 있다는 이론이다. 따라서 학습자는 아무 내용이나 학습할 것이 아니라 먼저 자신의 관심 분야를 선택한다. 즉 본인과 직결된 관심분야일수록 훨씬 빠르게 언어를 습득할 수 있다는 이론이다. 중국어 웅변대회 참가자, 중국어 원어 연극 참가자, 중국어회화 면접 시험을 며칠 앞둔 구직자 그리고 외국 바이어와 제품판매 상담을 앞둔 무역회사 직원 등이 저마다의 동기를 통해 회화 실력을 향상시킬 수 있다. 이같이 자신의 문제와 직결된 관심분야를 먼저 공략한 다음, 그 대화의 영역을 점차 넓혀간다면 중국어 회화를 보다 빠르고 효과적으로 습득할 수 있다.

아이들이 말을 빨리 배우는 이유는 말로 표현하고 싶은데 모르고 있다가 그 상황에 맞는 말을 들으면 '이 말이구나' 하고 바로 기억해 버리기 때문이다. 반면에 모국어를 이미 습득한 성인은 같은 상황에서 굳이 다른 언어로 표현할 필요가 없다고 느끼기에 그만큼 새로운 언어 습득에 대한 동기유발이 떨어지게 된다. 모든 초보자용 회화책에 자기 소개가 먼저 나오는 것도 동기유발과 관련된 것이다.

동기유발학습법 중 하나는 학습자가 관심 있는 내용을 가지고 중국어로 녹음한 다음 오디오 교재를 활용하여 말하기 연습을 하는 것이다.

오디오 교재만 잘 활용해도…

촘스키가 말한 인간이면 누구나 갖고 태어난다는 '언어습득장치' 기능이 점차 소멸되는 시기, 즉 12, 13살을 넘긴 사람들에게 외국어 습득은 역시 모방과 반복에서 시작된다. 따라서 듣기와 말하기의 반복 학습은 외국어 습득에서 매우 중요하다. 그 중에서도 말하기가 더 중요하다. 듣는 만큼 말할 수는 없지만 말하는 만큼은 들을 수 있다. 말하기 학습 방법 중 학습 효과가 큰 것으로는 '동시에 말하기' 학습법이 있다. 즉 오디오상의 원어민이 말하는 속도와 같은 속도로 말하는 학습법이다. 따라하기 반복 훈련을 통해 학습효과를 극대화할 수 있다. 구체적인 방법은 "1단계: 학습 내용을 숙지한다 → 2단계: 듣기를 여러 차례 반복한다 → 3단계: 테이프상의 원어민과 동시에 말하기"의 순이다. 정확하게 따라하지 못할 경우에는 학습 내용을 다시 한번 보고 암기한다. 이렇게 꾸준히 학습하다 보면 해외 어학연수를 가지 않더라도 국내에서 얼마든지 중국어를 유창하게 구사할 수 있다.

음 체화학습(體化學習)이란?

원어민의 목소리를 듣고 자기 자신의 목소리로 리듬 감각과 소리 감각을 살려서 외국어 문장을 많이 읽어주면, 언어인지능력과 언어조어(造語)능력이 발생하여 외국어도 우리말처럼 생각과 동시에 술술 말할 수 있는 학습 방법이 음 체화학습법이다.

사람은 어떠한 소리든지 다 들을 수 있지만, 들은 소리를 전부 입으로 표현할 수는 없다. 자기 자신의 목소리로 자신의 두뇌에 기억을 시켜준 말만 표현할 수 있다. 즉, 자신의 몸의 일부가 되는 소리만 표현 가능한 것이다. 눈으로 아무리 많은 책을 읽어도 회화가 안되는 이유가 바로 여기에 있다.

그러나 언어학적으로 계통이 같은 말은 눈으로 체화가 가능하다. 그래서 한국 사람이 일본어를 배우기는 쉬우나 영어는 배우기 어렵다. 영어는 우리말과 언어학적으로 계통이 다르기 때문에 눈(문법이나 독해)으로서는 회화 학습이 불가능하고 소리로서만 가능하다. 반면에 영어 모어 화자는 라틴어 계통의 7개 언어를 배우기가 쉽다. 중국어는 4성이 있기 때문에 그 어떤 언어보다도 리듬 감각이 중요하다. 당연히 음을 체화시켜 주어야만 회화를 잘 할 수 있다.

가수나 성악가가 자신의 노래를 자기 것으로 만들기 위해서는 같은 곡을 천 번 이상 연습한다고 한다. 또한 야구 선수나 골프 선수가 스윙을 근육에 기억시키려면 최소한 3만 번이상을 연습한다고 한다.

세 살배기 중국 어린이가 한국의 성인들보다 중국어를 더 잘 구사하는 이유는 딱 하나, 우리보다 몇 배는 더 많이 들었기 때문이다.

암기한 단어는 반드시 잊어버려야…

많은 외국어 학습자들이 외국어 학습을 중도에 포기하는 이유 중 하나가 단어나 문장을 암기했는데도 금방 잊어버린다는 점 때문이다. 그런데 단어나 문장을 오래도록 기억하기 위해서는 한두 번 암기한 단어나 문장을 반드시 잊어버려야 한다는 것이다. 컴퓨터 작업에서 내용물을 삭제했지만 완전히 없어지는 것이 아니라 휴지통에 저장되어 있어 언제든지 복원이 가능한 것과 마찬가지다.

인지심리학자의 연구 결과에 의하면 단어나 문장을 기억하는 능력은 시간이 지남에 따라 급격히 감소한다고 한다. 그런데 기억이 감소하는 단계마다 반복을 시켜주면 그 기억은 영구적으로 남는다고 한다. 인지심리학에서는 일시적인 기억을 영구적인 기억으로 전환시키는 것을 주기학습법, 분산학습법이라 한다.

외국어 학습 속도는 '만만디'

학생들이 외국어 학습을 어려워하는 이유 중 하나가 다른 일반과목과는 달리 몇 달을 해도 도무지 성과가 없다는 점이다. 결국 외국어 학습은 머리보다는 꾸준히 노력을 해야 함을 알 수 있다. 외국어 학습에서는 언어 실력이 매일 조금씩 나아지는 게 아니라, 어느 순간 한 단계 올라가고, 또 어느날 '귀가 트이고' 하는 식으로 단계를 밟는다. 언어 실력은 곡선이 아니라 계단식으로 발전한다.

발음의 경우 한 달 정도는 지속적으로 읽는 연습을 해야 학습자는 발음이 좋아진 것을 느낄 수 있다. 말이 좋아 한 달이지 하루 두 시간만 소리내어 읽어도 입이 아플 정도니. 듣기도 처음에는 무슨 말인지 전혀 못 알아듣지만 수개월간 지속적으로 듣다보면 어느 순간 귀가 뻥 뚫리는 걸 느낄 수 있다. 회화 또한 소리내어 읽기를 지속적으로 하다 보면 어느 순간 주위 사람들이 한국말을 하는데도 외국어처럼 들리고 저녁에 잠을 자면서도 외국어로 꿈을 꾸기도 한다. 이 정도면 외국인 앞에서 자신도 모르게 외국어가 튀어나온다.

연인은 가까운 곳에 있다!

요즘 서점에 가보면 중국어 학습서가 너무 많아 학습자는 어떤 책을 보아야 할지 난감해 한다. 사실 학습의 지름길을 가르쳐 주는 특별한 책은 없다. 물론 일반적으로 누구나 인정하는 내용이나 체제가 잘된 책이 있기는 하지만. 사람마다 스타일이 다르고 학습 수준이 다르기 때문에 다른 사람이 추천해주는 책이 반드시 자신에게도 맞는 것은 아니다. 교재의 체제나 난이도가 본인에게 적합한 책이 좋은 책이다. 이 책 저 책 번갈아 가면서 조금씩 보면 학습에 진전이 없다. 무슨 책이든 한 권을 수십 번 보고 나면 다른 유사 책은 보지 않아도 알게 된다. 그런데 반드시 테이프가 달려 있는 교재라야 된다. 그래야만 책을 읽고 테이프로 따라하는 연습을 할 수 있다.

O Yes   ✗ NO

단계별 학습 순서

가장 좋은 방법은 교재를 큰소리로 암송해서 통째로 머리 속에 집어넣는 것이다.

1. 먼저 교재를 해석해 보면서 내용을 확실히 파악한다.
2. 귀에 익숙하게 들릴 때까지 테이프를 반복해서 듣는다.
3. 처음에는 책을 보고 듣다가 익숙해지면 안 보고 듣는다.
4. 테이프로 듣기 연습과 병행해서 책 읽기 연습을 한다. 큰 소리로 반복해서 읽는다.
5. 책을 보지 않고 테이프에 나오는 소리와 동시에 따라 읽는다.
   잘 안 될 경우 다시 책을 보고 확인한다.
6. 암송한 내용을 혼자 말해 보거나 노트에 써 본다.

첫술에 배부르랴?

언어는 언어가 갖는 규칙의 난이도와 복잡성에 따라 점진적으로 습득되기 때문에 자신의 수준에 맞지 않는 중국어를 붙잡고 있는다고 해서 자기 것이 되지 않는다. 가령 '了'와 같은 것은 기초나 중급 수준에서는 아무리 노력해도 완전히 습득되지 않는다. 중국어 정복의 가장 마지막 코스가 '了'라고 해도 과언이 아니다. 발음에서는 권설음도 하루아침에 발음할 수 있는 것이 아니고 몇 개월의 발성 연습을 통해서만 정확하게 발음할 수 있다. '了' 외에도 학습자들이 중국어 학습에서 가장 이해하기 어려워하는 부분으로 '把字文, 存現文, 就, 是 ~ 的' 등이 있다. 이것들은 당장 한 두 시간 수업으로 문법책에 적힌 문법 설명만을 듣고서 100% 이해한다는 것은 불가능하다. 이에 해당하는 예문들을 지속적으로 쓰다 보면 점진적으로 완전한 이해에 도달하게 된다.

읽는 즉시 이해하기

어려운 중국어 지문을 해석할 때 사전과 문법책을 동원하여 쪼개고 분석한 후 앞뒤로 짜맞추어 해석하여 의미를 건지는 독해 행위는 '읽는 즉시 의미가 이해되는 중국어', 소위 직독직해라 할 수 없다. '읽는 즉시 의미가 이해되는 중국어'를 하려면 무엇보다 자신의 수준에 맞는 중국어를 선택해야 한다. 듣기 또한 한번 들어서는 이해할 수 없고 반복해서 들어야만 의미를 건질 수 있다면 '듣는 즉시 의미가 이해되는 중국어'라 할 수 없다. 자신의 수준에 맞는 중국어란 대체적으로 80% 이상의 의미를 곧바로 건질 수 있는 중국어를 말한다. 이 수준의 중국어란 대체적으로 "야, 이거 너무 쉽구나!", "이거 거의 다 들리는데!", "이런 식이면 죽죽 읽어나가도 되겠구나" 하는 느낌이 들 정도의 중국어.

읽는 즉시 이해가 80% 이상이 되어야 우리 뇌는 언어를 정상적인 방법과 속도로 처리하게 된다. 이해도가 80% 이하로 떨어지면 언어를 처리하는 방법과 속도에 문제가 생긴다. 이처럼 이해하기 힘들어진 의미를 건지기 위해 학습자는 속도를 늦추고 뒤로 돌아가 반복해 읽거나 청취함으로써 의미를 건지려 한다. 이렇게 되면 우리의 뇌는 중국어를 쪼개고 분석하던 방식으로 전환하여 비정상적인 방법으로 느릿느릿 정보를 처리하게 된다.

외향적 성격이 회화를 잘 하는가?

외향적인 사람이 내향적인 사람보다 외국어 학습에서 유리하다는 것이 일반적인 생각이다. 이러한 생각이 사실이라면 내향적인 성격은 외국어 학습에 장애가 될 수 있다는 말이 성립하는데 꼭 그런 것만은 아니다. 실제로 내향적인 학생과 외향적인 학생의 외국어 시험결과를 놓고 보면 내향적인 학생이 더 높은 점수를 얻는 경우가 있다.

성격과 언어 숙달도 사이의 관계에 관한 연구를 검토해 보면 내향적인 아이는 개별 학습방법에 효과적으로 반응한다. 그 결과 내향적인 아이는 언어지식이나 읽기, 쓰기 등에서 빨리 진보한다. 이에 반해 외향적인 아이는 집단적·사회적 학습방법에 효과적으로 반응한다. 그 결과 외향적인 아이는 듣고 말하는 의사소통 능력에서 빨리 진보하다.

대부분의 외국어 시험은 읽고 쓰는 것에 치중한다. 따라서 시험에서 내향적인 학생이 외향적인 학생보다 높은 점수를 획득하는 것은 어쩌면 당연한 일인지도 모른다.

쉼표 넣기 연습

중국어 독해시험에서 해석문제를 낼 적에 쉼표를 없애고 내는 것도 한 방법이다. 그리고 반드시 성조 표시를 하도록 한다. 현지의 한 대학원에서는 고문수업에 학생들에게 방점 찍기 연습을 많이 시킨다. 글의 내용을 완전히 이해하지 못하면 방점을 정확하게 찍을 수 없기 때문이다. 이러한 방점 찍기가 현대문에도 필요하다고 본다. 쉼표를 넣어 문제를 낼 경우 학생들은 원문을 정확하게 분석하지 못해도 문맥 추측이나 내용 추측으로(특히 한자어이기 때문에) 해석을 할 수도 있다. 심지어 어떤 학생들은 원문은 보지 않고 해석문만 달달 외어 시험을 친다. 따라서 고문 학습방법과 마찬가지로 아예 쉼표와 띄어쓰기를 없애고 문제를 내면 학생들은 문장의 어느 부분에서 끊어 읽어야 할지를 잘 알 수가 없다. 앞뒤 문장을 뒤섞어 놓으면 더욱 효과적이다. 이 경우에는 원문을 정확하게 분석할 수 있는 학생만이 답을 쓸 수가 있다. 비록 독해시험이지만 회화에 응용할 수 있는 짧은 단문을 골라 중국어로 작문하는 문제를 내는 것도 한 방법이다. 해석문제뿐만 아니라 성조 표기 문제도 병행하여 출제해야만 학생들은 읽기 연습을 하게 된다.

사전에 지나치게 의존하지 말라!

중국어 문장을 해석할 때 학습자는 모르는 단어가 나오면 무조건 사전을 찾아 해결하려한다. 사전에는 하나의 단어에 여러 개의 뜻풀이가 실려있다. 그러다 보니 학습자는 종종 문장에 쓰인 단어의 의미와 맞지 않는 뜻풀이를 가지고 문장을 해석하기도 한다. 심한 경우 고문에서나 쓰이는 뜻풀이를 현대문에 갖다 붙이기도 한다. 물론 문장 해석에서 사전을 뒤적이는 습관은 중요하다. 사전을 뒤적이는 그 자체가 하나의 학습과정이기때문이다. 하지만 너무 사전에 의존하다 보면 텍스트 전체를 이해하는데 방해가 되고따라서 흥미도 그만큼 떨어지게 된다. 우리는 신문을 볼 때 모르는 한자가 나온다고 일일이 옥편을 찾지 않는다. 또한 어린아이가 동화집을 읽을 때 모르는 단어가 나온다고국어사전을 찾지는 않는다. 그냥 줄줄 읽어내려 갈 뿐이다. 모르는 단어가 나오면 글의맥락 속에서 그 뜻을 유추해낼 수 있도록 노력해야 한다. 그런 다음 단어 해석이 맞는지안 맞는지 확인하는 차원에서 사전을 찾아본다. 이렇게 해서 단어의 뜻을 알게 되면 그단어는 오래 기억할 수 있고 문장 분석 능력도 향상시킬 수 있다.

왜 문법이 속죄양인가?

어린아이들은 외국어 학습에서 논리적 판단 없이 문장을 받아들일 수 있지만 성인들은문장을 논리적으로 이해하지 못하면 절대로 그 문장을 뇌에서 받아들이지 않는다. 따라서 성인들의 외국어 학습에서 문법은 필수불가결한 존재다. 그런데 지금 시중에서는 하나같이 문법 중심의 학교 교육이 외국어 학습을 망치고 있으니 회화 중심의 교육으로바꾸어야 한다고 한다. 교육부의 '회화 위주 수업' 정책으로 현재 중·고등학교에서 문법 수업은 완전히 사라졌다.

문법기초가 든든한 학생이 중국에 어학 연수를 갈 경우 6개월이면 유창한 회화를 할 수있다. 귀국해서도 그 실력은 뇌에 오래 저장된다. 그런데 문법기초가 전혀 안 잡힌 학생의 경우 1년을 체류해도 별반 실력이 오르지 않는다. 그나마 매일 반복되는 생활 속에서익힌 회화 지식마저 귀국하자마자 사상누각이 되어 금방 잊어버리게 된다. 회화에서는정확한 어휘를 사용하지 않거나 문법적으로 조금 틀린 표현을 사용해도 의사 소통에 지장만 없으면 중국인은 알아듣고 그냥 넘어간다. 그러나 작문의 경우는 문법 지식 없이는 불가능하다. 문법의 불필요성을 주장하는 이들은 아직 중국어가 미숙한 단계에 있는사람들로서 간단한 생활중국어가 중국어의 전부인 것으로 알고 있는 사람들이다. 외국에서 오래 산 사람이나 외국어를 제대로 아는 사람들은 하나같이 문법의 중요성을 강조하고 있다.

문법이 없이는 성인들의 외국어 수업이 불가능하다. 문제는 지금까지의 외국어 교육이입시 위주의 문법 설명만 있었지 그 문법 설명을 위한 예문들을 암기시키는 교육은 없었다는 점이다. 즉, 문법에 관한 교육은 있었지만 문법을 활용하는 교육은 없었다. 문법이 외국어 학습을 망친 것이 아니라 문법 설명만 있고 그 문법을 반복해서 읽히는 학습 방법이 없었기 때문에 외국어 학습을 망친 것이다. 문장을 문법적으로 이해했으면 조건반사적으로 그 문장이 입에서 튀어나올 수 있도록 읽기 연습을 반복해야 한다. 이제 우리는 표현을 바꾸어야 한다. 암기하지 않은 문법은 무용지물이다!

단어 따로 문장 따로?

어휘력을 늘리기 위해서는 모르는 단어들을 반복해서 외우는 것이 최고의 방법이다. 그래서 시중에는 어휘만 따로 수록해 놓은 책이 더러 있다. 하지만 단어만 따로 외우는 것은 시험을 볼 때는 유리할지 몰라도 맥락 안에서 발견한 단어가 아니기 때문에 실제 회화나 작문에서 응용하기가 어렵다. 또한 이렇게 외운 단어는 쉽게 잊어버린다. 새로운 어휘를 암기하기 위해서는 그 어휘가 들어있는 문장을 통째로 외워야 한다.

외국어 학습에 왕도는 있다!

언어기능에는 듣기, 읽기, 쓰기가 있다. 학습자들 중에는 차안에서도 길을 가면서도 늘 테이프로 듣는 사람이 많다. 그런데 이들이 투자한 시간에 비해 학습효과는 그다지 크지 않다. 필자의 경험에 의하면 읽기가 학습효과가 가장 큰 것 같다. 문장을 외울 정도로 많이 읽다보면 듣기와 작문은 따로 연습하지 않아도 절로 해결된다. 특히 중국어는 다른 외국어에는 없는 4성이라는 것이 있기 때문에 더욱 읽기가 중요하다. 기초 중국어 학습에서 읽기에 재미를 느낀 학생들은 중국어에 재미를 붙여 지속적으로 학습할 수 있지만 그렇지 못한 학생들은 학습에 흥미를 잃어버릴 확률이 높다. 입시 중심의 교육 때문인지 아니면 한국인의 성격 때문인지는 몰라도 학습자들은 말하기를 가장 어려워하는 것 같다.

물론 읽기가 듣기나 쓰기보다 더 중요하지만 눈, 귀, 입, 머리를 모두 사용하여 공부하는 사람에게는 이길 재간이 없다. 미국의 한 대학에서 '멀티미디어 교육과 언어성취도'의 연구 결과에 따르면, 책을 따라 읽을 때(눈만을 사용하면) 20%, 책을 보고 오디오를 들을 때(눈과 귀를 사용하면) 45%, 책, 오디오, 비디오, CD-Rom을 활용할 때(눈, 귀, 입, 머리를 모두 사용하면) 94%의 언어 성취도를 달성할 수 있다고 한다.

중국인처럼 말하고 싶은데…

나는 4성이 정확한데 왜 중국인들은 내 발음이 중국사람이 말하는 것과 다르다고 하는 걸까? 중국어에 자신 있는 학습자라면 누구나 한번쯤 중국인에게 '말하는 것이 중국사람 같다'는 말을 가장 듣고싶어 할 것이다. 중국인이 하는 말처럼 자연스럽게 언어를 구사하려면 정확한 4성 외에도 문장의 멜로디를 파악해야 한다. 한 언어의 멜로디를 익히는 것은 노래할 때 음정을 맞추는 것과 같다. 4성이 정확한데도 뭔가 자연스럽지 못하고 힘이 들어가는 것은, 박자는 맞는데 음정이 틀린 것과 같다. 원어민이 녹음한 테이프를 반복해서 들어보면 문장의 리듬을 파악할 수 있다. 즉, 테이프를 자꾸 듣다 보면 원어민이 말할 때 언제 쉬고(pause), 어디에 강세를 두고 있으며, 어느 단어에서 길게 소리내고 어느 단어에서 짧게 소리내는지를 알 수 있다. 노래연습을 하듯 반복해서 따라하면 감정의 뉘앙스까지도 표현해낼 수 있다.

왜 여학생이 남학생보다 어학에 강할까?

초급중국어 수업을 할 때마다 느끼는 점이 있다. 여학생은 중국어 발음을 포함해서 읽기를 빨리 습득하는데 남학생은 도통 따라오지를 못한다. 남학생 대부분은 군대를 갔다오고 나서 복학해서 그나마 열심히 학습하는 편이다. 왜 여학생은 어학에 강할까? 언어학습과 관련된 남녀의 차이점을 몇 가지 적어보면 다음과 같다.

여자아이는 남자아이 보다 2~4개월 가량 말을 빨리 한다.
여성은 좌뇌 발육이 빠르다.
여자아이는 형용성, 묘사성 단어를 먼저 배운다.— 여자아이는 말이 빠르고 말수가 많다.
남자아이는 여자아이보다 일반적으로 말이 늦다.
남성은 좌뇌 발육이 여성보다 늦다.
개념성 단어를 먼저 배운다.— 남자들은 말수가 적고 간결하다.

큰 소리로 읽기

대부분의 학생들은 시험기간에 도서관에서 눈으로 읽는 공부를 많이 한다. 그렇게 하면 문장을 해석하는 실력도 늘고 시험도 A학점을 받을 수 있다. 하지만 회화로 전혀 활용하지를 못한다. 그것은 눈으로 읽는다고 소리가 체득되지는 않기 때문이다. 듣기 연습을 할 때도 '큰 소리로 읽기'는 아주 중요하다. 여러 가지 발음 현상들을 듣기만 해서는 제대로 파악할 수가 없으며 반드시 큰 소리로 읽는 연습을 해봐야만 터득할 수 있다. 어떤 소리가 들린다고 해서 들은 소리를 모두 입으로 표현할 수는 없다. 자신에게 체화된 소리만 표현할 수 있다. 소리가 체화되면 생각과 동시에 입으로 말을 표현할 수 있다.

노래를 배우기 위해 출퇴근 때 자동차 안에서 노래 테이프를 듣는 사람들이 많다. 듣기만 해서는 절대로 음정과 박자가 정확하게 노래를 부를 수 없다. 본인이 직접 가요방에 가서 노래를 반복해서 불러보고 이상한 부분은 다시 테이프를 듣고 수정하는 과정을 거쳐야만 노래를 잘 부를 수 있다. 노래를 부르되 반드시 자신의 귀로 그 노래 소리를 들을 수 있어야 한다.

학생들은 학교 시험 때문에 회화 공부를 할 시간이 없다고 한다. 하지만 시험 점수를 잘 받기 위해서라도 큰소리로 읽어야 한다. 문법·어휘·독해·작문 실력을 올리는 가장 빠르고 좋은 방법이 바로 이 '큰 소리로 읽기'이다. 또한 눈으로 하는 시험 공부는 스트레스를 받지만 큰 소리로 박자 맞춰 읽기는 잡념을 없애준다. 한 30분간 읽고 나면 신나게 노래를 부르고 난 것처럼 머리가 맑아지고 스트레스가 확 풀린다. 특히 중국어의 경우 4성을 정확하게 발음하다 보면 허기가 져서 밥맛도 되살아난다.

봄·가을에 학생들은 도서관에서 중국어를 공부할 것이 아니라 교내 잔디밭에 앉아 주위 사람들 신경 쓸 것 없이 큰 소리로 읽는 연습을 해야 한다.

옛날의 독서는 눈으로 읽지 않고 소리로 읽는 독서였다. 서당에서는 낭랑하게 목청을 돋워 가락에 맞추어 책을 읽었다. 훈장 선생님은 좌우로 몸을 흔들고, 학생들은 앞뒤로 흔들며 책을 읽었다. 낭랑한 책 읽는 소리는 듣는 이의 마음을 상쾌하게 한다. 그렇게 읽다 보면 그 가락이 저도 모르는 사이에 뇌리에 스며들어, 뜻을 모르고도 글을 외울 수 있었다. 의미는 소리에 뒤따라 왔다.

외우고 또 외우고, 읽고 또 읽었다. 독서백편의자현(讀書百遍義自見)이라고, 그렇게 소리를 내서 읽다 보면 어느 순간 의미가 들어왔다. 그렇게 논어를 외우고 맹자를 외웠다. 이렇게 얻은 의미는 평생을 따라 다녔다.

알베르토 망구엘의 '독서의 역사'를 읽어보면, 중세 유럽에서도 책은 반드시 소리를 내서 읽었다는 내용이 들어 있다. 경전을 읽으면서 신성함을 놓치지 않으려면 문장의 가락에 맞춰 몸을 흔들고 성스러운 단어들은 입을 크게 벌려 소리내어 읽어야 한다고 믿었다. 그래야만 책장에 쓰인 죽어 있던 단어들이 날개를 달고 훨훨 날아올라 의미화한다고 여겼다.

동양에서도 옛 사람의 글을 소리 높여 되풀이해 읽다 보면 옛 사람의 성기(聲氣)가 내 목구멍과 입술에 젖어 들어, 글을 쓰면 옛 사람의 기운이 절로 스며들게 된다고 생각했다. 글을 배우는 사람에게는 이런 '인성구기(因聲求氣)'의 방법이 적극 권장되었다. (정민, 「조선일보」)

우리 옛 어른들은 일찍부터 언어습득능력을 잘 알고 있었던 것 같다. 당시의 사서삼경이 지금의 제2외국어와 다를 것이 뭐가 있는가. 모두들 너나 할 것 없이 비싼 외화 낭비하며 외국에 어학연수 가는 요즘 세태에 한번 되씹어 봄직하다.

듣기는 리듬 감각을 터득해야…

우리는 흔히 노래방에서, 본인은 고성으로 잘 부른다고 부르는데 듣는 사람들 귀에는 음치로 들리는 경우를 자주 본다. 그것은 음정이 틀리기 때문이다.

언어 역시 마찬가지다. 소리 감각과 리듬 감각을 귀로 느끼지 못한 상태에서 문장을 따라한다면 문장 구조 및 어순에 대한 감각이 제대로 생기지 않는다. 테이프를 자꾸 반복해서 듣고 따라하다 보면 처음 들을 때는 그렇게도 소리가 빨리 들리던 것이 나중에는 천천히 들리게 되고(특히 중국어의 경우 4성이 정확하게 들리게 된다) 음조까지도 정확하게 체득된다. 이런 연습이 몸에 밴 학습자는 외국인 앞에서도 언어 규칙을 생각할 필요 없이 자신이 표현하고자 하는 말이 저절로 튀어나온다.

우리말 번역문을 가지고 중국어로 작문을 해 보아야…

독해는 중국어 텍스트를 우리말로 읽고 해석하는 것이다. 그런데 이것만으로 독해 학습을 끝낸다면 학습의 효과를 최대한 끌어올 수 없다. 이 독해를 회화나 작문에 활용하기 위해서는 반드시 우리말 번역문을 가지고 중국어로 작문해 보아야 한다. 그렇게 해보면 해석할 때 보이지 않던 여러 가지 문법적인 현상들과 부딪치게 된다. 또한 해석할 때 '한자어'라는 이유 때문에 본인도 정확히 모르면서 대충 해석했던 문장들에 대해서 다시 한번 생각하게 된다.

학생들은 문법 수업을 하면서도 저 문법 설명이 왜 필요한지에 대해 의문을 가진다. 문법설명이 없어도 얼마든지 해석이 가능한데(존현문과 같은 것이 그 전형적인 예이다). 하지만 우리말 번역문을 갖고 거꾸로 중국어로 작문을 해 보면 문법지식이 바탕이 되지 않고서는 작문이 불가능함을 알 수 있다. 그래서 필자는 독해 시험에도 긴 문장의 작문 문제를 낸다.

이 학습방법은 회화에도 많은 도움이 된다. 어린이에 비해 성인은 이미 자신의 모국어가 완벽하게 갖춰져 있기 때문에 중국어로 표현하고자 하는 내용을 일단은 우리말을 먼저 떠올린 뒤에 이것을 번역 과정을 통해서 중국어로 다시 표현한다.

사실 어학 수업을 하나같이 작문 과목, 독해 과목, 회화 과목으로 나눈 자체가 난센스다. 기초 회화든 문법이든 독해든 간에 그 문장을 통째로 외우지 않으면 절대로 외국어를 잘 할 수 없다.

회화 따로, 작문 따로, 독해 따로, 문법 따로?

학생들은 단어, 문법, 독해, 말하기, 듣기를 따로 공부한다. 회화가 안 된다고 회화를 배우러 학원에 간다. 회화가 어느 정도 되는 사람들도 대부분 작문에서 무너지고 만다.

대학의 중문과나 학원에는 중국어회화, 중국어작문, 중국어독해 과목이 다 있다. 심지어 영어의 경우 'vocabulary' 과목까지 있지 않는가. 이렇게 과목을 구분하여 개설한 자체가 난센스다. 외국어 학습에서는 '회화=작문=독해=문법'이다. 학생들 중에는 독해시험은 A+를 받으면서도 회화 시험은 C를 받는 경우가 많다. 혹은 회화는 A+를 받으면서 작문은 나쁜 점수를 받는 경우도 있다. 이것은 학습방법이 틀렸기 때문이다. 독해를 A+ 받았으면 회화나 작문 과목도 당연히 A+를 받아야 한다.

학생들의 중국어 학습 방법을 보면, 아직까지도 영어 학습 방법에 배어있어 단어를 별도로 공부하는 것을 볼 수 있다. 그것도 단어를 소리내어 읽지 않고 연습장에 쓰기 연습만 한다. 언어는 단어가 아닌 문장이다. 따라서 문장 중심으로 암기해야지 단어 중심의 암기는 효과가 없다. 단어와 문법을 알고 문장을 만드는 것이 아니라 거꾸로 문장에서 단어를 배우고 문법을 배워야 한다. 단어는 단어장에서 공부하는 것이 아니라 문장에서, 그것도 가능한 짧은 문장에서 익혀야 한다. 아무리 긴 문장도 짧은 문장들이 문법 관계에 의해 엮어진 것이다. 그리고 독해도 단순히 해석하고 이해하는 데서 학습을 다 했다고 생각하면 큰 오산이다. 반복해서 읽고 또 읽고 해야 한다. 중급 수준 이상의 회화 교재가 따로 있는 것이 아니다. 독해가 바로 고급회화다. 문장을 암기했으니 당연히 작문 공부는 따로 할 필요가 없다.

독해를 잘 하려면…

독해를 잘하려면 무조건 큰소리로 여러번 읽어야 한다. 흔히 회화 공부만 소리내어 읽고 암기하는 것으로 알고 독해는 그냥 눈으로 읽고 지문의 내용을 이해하여 해석할 수 있으면 된다고 생각한다. 그러면 이 독해는 말 그대로 독해로 끝나지 회화나 작문에 전혀 도움이 되지 않는다. 또한 더 높은 수준의 독해를 공부하는데도 크게 도움이 되지 않는다. 큰소리로 읽는 즉시 내용이 이해될 수 있도록 반복해서 읽다보면 리듬감각까지 터득할 수 있고, 어떤 한 주제를 가지고 중국인과 토론식 회화를 할 수도 있다.

TV만 보면 중국어가 늘까?

요즘은 위성TV나 영화비디오를 통해서 중국어를 학습하는 사람들이 많다. 확실히 딱딱

한 교과서보다는 재미있을 것이다. 하지만 이것은 고급 수준의 학습자에게 필요한 것이고 기초 수준의 학생들에게는 맞지 않다. 그런데도 학습자들이 TV 시청이 효과가 있다고 느끼는 것은 귀로 들리지 않는 부분을 눈으로 확인할 수 있기 때문이다. (특히 드라마의 경우).

또한 TV 시청이 테이프를 듣는 것보다 학습 효과가 떨어지는 것은 신경을 시각적인 데 빼앗기기 때문이다. 사람의 오감 중 시각 능력이 제일 많은 정보량을 뇌에 전달한다. TV 시청의 학습 효과를 높이려면 눈으로만 볼 것이 아니라 일부분이라도 소리내어 따라 읽어야 한다.

TV나 비디오를 볼 때 자막이 있을 경우 가급적 보지 않는 것이 좋다. 자막을 통한 외국어는 시각언어이기 때문에 기초 수준에 있는 사람들에게는 실질적인 도움이 되지 않는다. 자막이라는 시각언어에 신경이 쏠려 듣기 능력이 감소하기 때문이다. 기초 수준에서는 음성 언어에 익숙해지는 것이 중요하다. 반드시 귀로 확인하고 인식해야 한다. 대만 TV에서는 화면 아래 자막이 나오는 경우가 많은데, 고급 수준의 학습자도 무조건 자막에 의지하는 것은 금물이다. 자막은 실제 대화나 어려운 드라마의 줄거리에 쓰이는 좋은 표현들을 배우는데 도움이 된다. 하지만 자막의 이점은 어디까지나 생소한 어휘나 표현법을 확인하거나 말이 빨라 알아듣지 못하는 부분을 확인하는 데에 있다. 청취력을 혁신적으로 도와 줄 수 있는 것은 아니다.

비디오 자막의 경우 처음 3번 정도는 듣기 연습을 하고 자신이 못 알아들은 것을 자막으로 확인하는 것이 좋다. 한번 못 알아들었다고 바로 확인하는 것보다는 여러 번 들어 '무엇일까?' 하는 궁금증을 가지고 자막을 보면 훨씬 기억이 잘 된다.

외국어를 잘하는 사람들의 공통된 학습 방법 중 하나는 영화관에 가서 먼저 자막을 보지 않고 영화를 한 번 보고 나서 그 다음 알아듣지 못한 부분의 자막을 보는 것이었다. 물론 지금은 모든 영화관이 좌석제라서 이것마저도 어렵겠지만.

듣기만 하면 입이 열릴까?

한마디로 듣기 중심의 학습법은 기초 단계에서는 효과가 있으나 그 이상으로 끌어올리는 데는 한계가 있다. 청취만으로 외국어가 온전히 습득되지 않는 것은 듣기와 말하기가 각기 다른 두뇌 활동이기 때문이다. 듣거나 보는 행위는 귀와 눈을 통해서 들어오는 외부의 정보를 뇌에 전달시켜 뇌로 하여금 인식하고 확인하는 두뇌 작용이지만, 말하는 것은 뇌에 흩어져 저장된 정보를 학습자의 머리 속에 구축되어 있는 언어 시스템 (interlanguage system)을 이용하여 수집, 논리적인 순서에 맞추어 신체 기관을 사용하여 질서정연하게 밖으로 불러내는 두뇌 작용이다. 당연히 이를 담당하는 뇌 부위도 다르며 처리 과정도 다르다.

듣는 것은 주로 인식하고 확인하는 작업이기 때문에 상황에 따라서는 부분적인 정보만 가지고도 말을 알아들을 수 있다. 그러나 말하는 것은 외워서 내뱉는 경우를 제외하고는 본인이 하고자 하는 말을 조립해 내놓는 조어 능력이 조금이라도 부족하면 완벽한 말을 내놓을 수 없다.

말하기가 듣기보다 더 어려운 것은 여러 예에서 찾아 볼 수 있다. 북경 사람이 홍콩에서 생활할 경우 6개월 정도의 시간이 지나면 대부분의 말을 알아들을 수 있으나 1년이 지나도 말하기는 어렵다. 10년 넘게 생활한 사람도 홍콩 사람들과 대화할 적에는 북경어를 사용한다. 그것은 경상도 사람이 서울에서 생활한다고 해서 서울말을 쓸 수 있는 것은 아닌 것과 마찬가지다.

청취만으로 영어를 제대로 습득할 수 없다는 사실은 한국말을 못하는 중국교포 자녀들에게서도 확인할 수 있다. 이들은 바깥에서 한인들과의 교류는 거의 없지만 집에서는 중국어를 못(안)하는 부모의 한국말을 줄곧 듣고 자랐기 때문에 어느 정도 듣기는 가능하지만 말하기는 제로에 가깝다. 중국 흑룡강 성에 사는 교포는 초등학교부터 한족 학교에 다닌다. 그러다 보니 집에서는 부모들이 조선말(한국말)을 하지만 듣기는 기초 생활어 정도이고 말하기는 제로에 가깝다. 하지만 길림성 연길시에 사는 교포는 대부분 고등학교까지 조선족 학교에 다니기 때문에 조선말이 유창하다.

결론적으로 듣는 것만으로는 외국어를 온전히 습득할 수 없음을 알 수 있다. 더욱이 상호 교류와 의미 교섭을 할 수 없는 TV나 테이프, CD와 같은 기계에 의존하는 듣기만으로는 학습효과를 높일 수 없다. 반드시 큰 소리로 반복해서 따라 읽는 연습을 해야 한다.

어린이와 어른의 언어 습득 차이

외국에 살다 귀국한 부모들은 외국에서 어렵게 배운 외국어를 유지시키려고 매일 아이에게 외국어 테이프나 비디오를 듣게 한다. 그러나 외국어를 하는 사람과 교류할 수 있는 기회를 갖지 못하면 듣기를 많이 해도 아이들의 외국어는 하루가 다르게 쇠퇴하며 대부분 1, 2년 안에 그 외국어를 상실하게 된다. 아이들은 처음 외국에 도착했을 때는 부모보다 훨씬 빠른 속도로 외국어를 습득하지만 그 언어 환경을 떠날 경우 부모보다 훨씬 빠른 속도로 언어를 잊어버린다. 물론 아이의 경우 어른보다 문화적 차이가 나는 주변 환경에 빨리 적응하는 이유도 있지만. 그런데 부모의 경우에는 외국에 있을 때만큼은 못 하지만 오랜 시간 일정한 수준을 유지할 수 있다. 그것은 단기기억력과 장기기억력의 차이 때문이다. 초등학생들은 단어나 문장을 한 두 번만 듣고서도 금방 암기하지만 몇 달도 되지 않아 금방 잊어버린다. 이에 반해 두뇌성장이 다 끝난 사람은 장기기억력이 좋아서 살아가는데 필요한 것은 오랜 시간이 지나도 잊어버리지 않는다.

그 외에도 성인은 언어를 조작할 수 있는 문법 기초가 있기 때문에 가능하다.

노래로 배우는 중국어?

문법적인 기초가 안 잡힌 초급 수준의 학습자에게는 노래로 배우는 외국어가 흥미 유발에 도움은 되지만 학습 효과가 높은 것은 아니다. 노래는 시적인 표현들이 많아 일상어와는 거리감이 있을 뿐만 아니라 언어 습득에는 없어서는 안 될 중요한 요소들(특히 문법 요소)이 빠져 있다. 외국어를 학습하는 과정에서 학습 효과를 높이거나 산만해진 수업 분위기를 바꾸기 위해서 노래를 교과 과정의 일부로 활용하는 것은 바람직하나 노래만으로 외국어를 습득한다는 것은 잘못된 생각이다.

아래 내용은 중국 최정상급 가수 '田震 Tián Zhèn'의 타이틀곡 〈爱不后悔 후회없는 사랑〉의 일부 가사를 번역한 것이다.

사랑은 후회하지 않는 것

옛 꿈은 사라지고 술에 파묻혀 지쳐가고 있어요
약속했던 말들은 다 어긋났어요
맞는 말인지 틀린 말인지
밤이면 편안히 잠들지 못하고
깨져버린 마음 꿰매어 봅니다
점점 더 좋아질거라 생각했는데
깨고 나서야 취했던 걸 알았어요
사랑은 벌써 식었어요
눈물도 흐르지 않아요
애정은 시들어 버렸어요
비록 헛된 짓이었다 해도
나는 후회하지 않아요

이 노래에서 익힌 단어들을 일상 생활 속에서 사용하기 위해서는 중국인 이성 친구와 사귀면서 사랑타령만 해야 하지 않을까?

정말 100% 알아들었을까?

한 연구에 따르면 원어민이라도 상대방의 말을 70% 정도밖에 듣지 못한다고 한다. 이유야 여러 가지가 있겠지만 주변의 소음, 배경음, 말하는 사람의 부정확한 발음, 주의를 기울이지 못한 것 등으로 실제 우리 귀는 다른 사람의 말을 100% 듣지 못하는 게 사실이다.

100% 다 알아듣지도 못했으면서도 100% 들은 걸로 착각하는 이유는 듣지 못한 나머지를 학습자가 가지고 있는 시스템으로 듣지 못한 부분을 메꾸어 넣을 수 있기 때문이다. 여기에는 선재 지식(pre-existing knowledge)과 주변 지식(surrounding knowledge)이 있다.

선재 지식이란 상대방한테서 듣는 말을 부분적으로든 전체적으로든 이전에 여러 번 듣고 사용해 본 적이 있어 이미 자기 것이 되어버린 말이다. 속담, 격언, 속어, 상당수의 일상어 등이 여기에 해당한다. 주변지식이란 주어진 정보나 지식을 이용해 빠진 말의 전후에 채워 넣는 지식이다. 주변지식은 즉흥적이며 상식에 속하는 지식이다. 따라서 외국인이라도 상식이 있고 한국말 실력이 있으면 선재 지식이 없어도 부분부분 비어 있는 말을 듣고 메꿀 수 있는 것이다.

똑같은 영문 잡지인데도 미국의 타임지보다 코리아헤럴드가 읽기가 쉬운 것은 한국의 사회 상황을 우리말 뉴스 보도를 통해 이미 알고 있기 때문이다. 영어와 우리말은 어순이 정반대인데도 불구하고 전문 통역사가 내용을 다 듣기도 전에 통역을 할 수 있는 것도 마찬가지 이유다. 결국 듣기 실력을 향상시키기 위해서는 선재 지식과 주변 지식도 함께 쌓아 나가야 한다.

원문도 틀릴 때가 있다

필자는 대학 시절 시사중국어를 배울 때도, 이후 강단에서 시사중국어를 처음 가르칠 때도 문법적으로나 논리적으로 해석이 잘 안 되는 부분에 대해서는 필자의 독해 수준이 부족해서 그런 줄로만 알고 있었다. 나중에야 사실을 알게 되었지만 그것은 독자의 독해에 문제가 있는 것이 아니라 원작자의 글에 문제가 있었던 것이다. 즉 중국어 문장 자체가 비문법적이거나 매끄럽지 못하기 때문에 해석을 명쾌하게 할 수 없었던 것이다. 혹자는 '중국어가 완벽하지 않은 제2외국어 학습자가 어떻게 원문의 문장이 틀렸는지를 알 수가 있을까' 라는 의문을 가질지도 모른다. 그러나 학습자가 중국인 수준의 문장을 구사할 수 없다 할지라도 번역(비교 분석)을 통해서 문장의 오류를 원어민 이상으로 잘 감지할 수 있다는 장점이 있다. 그것은 원문 번역에서 문법적으로나 논리적으로 문장을 완전하게 파악해야만 정확한 번역이 나올 수 있기 때문이다. 대표성을 띠고 있는 문학 작품류는 문장이나 문체가 모두 뛰어나기 때문에 번역이 제대로 안 될 경우에는 번역자에게 문제가 있다고 보면 된다. 문장 오류는 대개 신문, 잡지의 시사성 기사나 문장력이 뛰어나지 않은 사람들의 글에서 많이 나타난다. 문장 오류 외에도 영어 번역 문체의 영향을 받은 문장도 번역하기 까다롭다. 우리는 한국 신문을 통해서도 이러한 문제점들을 발견할 수 있다. 따라서 이런 류의 문장을 번역할 때는 너무 원문의 구조에만 얽매이지 말고 원어민에게 자문을 구하고 나서 과감하게 우리말의 논리 구조나 표현 구조에 맞추어 번역해야 한다.

중국어 웅변 대회

자신의 중국어 발음을 향상시킬 수 있는 방법 중의 하나가 중국어 웅변대회에 참가하는 것이다. 중국어 웅변대회에 참가하는 학생들은 일단 원고부터 작성하고 그 다음 발음 연습에 들어간다. 원고 작성에서는 같은 어휘라도 발음하기 쉬운 어휘를 사용하는 것이 좋다. 학생들은 발음 연습에서 자신이 모르는 어려운 단어에만 발음과 성조 표시를 하고 '能不能', '不会说'와 같이 누구나 아는 어휘에는 발음 표시를 하지 않고 그냥 읽기 연습을 한다. 이 방법은 잘못된 것이다. 본인은 정확하게 발음한다고 하지만 듣는 사람 입장에서는 전혀 정확하게 들리지 않는다. 아는 단어라 할지라도 정확하게 성조 표시를 해 주고 글자 하나하나를 또박또박 읽기 연습을 해야 한다. 특히 경성에 주의해야 한다. 원고를 던져버리고 싶을 정도로 읽고 또 읽어야 한다. 성조 외에 문장의 고저장단 리듬을 익히기 위해서는 중국인의 발음을 녹음해서 따라 읽어야 한다. 중국인이 말할 때 언제 휴지(休止)하고 어디에 강세를 두는 지를 익혀야 한다. 그리고 반드시 본인의 목소리를 녹음하여 들어보아야만 발음상의 문제점을 확인할 수 있다. 아는 단어라도 정확한 발음을 하기 위해서는 읽기 연습을 부지런히 해야 한다. 웅변 대회에 한 번 참가하고 나면 발음뿐만 아니라 회화에서도 자신감과 가속도가 붙게 되는 것이 바로 이 때문이다.

아나운서들은 방송에 들어가기 전에 정확한 발음을 하기 위해 반드시 발성 연습을 한다. 한중 수교 이전에 중국어 회화 수업은 주로 화교들이 담당하였다. 이들은 산동 방언의 성조를 없애기 위해 책을 수 십 번씩 읽고 또 읽고 해서 표준어의 성조를 익혔다. 화교 고등학교를 졸업하고 대만의 대학으로 유학을 간 화교들도 당시(唐詩) 수업을 소화해 내기 위해서 표준어 읽기 연습을 한다.

왜 어린이는 외국어 습득 속도가 성인에 비해 빠를까

언어학자인 슈만(Schumann), 가드너(Gardner)와 램버트(Lambert)의 공동 연구에 의하면,

첫째, 어린이는 성인에 비해 또래 그룹에 속하고자 하는 욕구가 크므로 외국어 습득에 대한 동기 부여가 그만큼 크다. 이민을 간 어린아이는 그 나라 어린아이와 어울리고 싶은 욕구가 어른보다 강하다.

둘째, 어린이는 자아 의식이 약하기 때문에 실수하는 것에 민감하지 않다. 따라서 그만큼 외국어를 쉽게 배울 수 있다.

셋째, 아이들은 새로운 환경에 처했을 때 그 문화와 일체감을 느끼고 자신을 그 문화와 동일시하는 경향이 강하므로 그만큼 외국어를 쉽게 배울 수 있다.

신경 생물학자 레너버그(Lennerberg)는 선천적 언어 습득 능력(모국어 수준의 외국어 능력)은 사춘기 이전에나 가능하다고 한다. 심리학자 피아제(Piaget)도 사춘기 이후에 외국어 학습에서 일어나는 인식과정은 모국어 습득 과정과는 달리 수학 학습에서 일어나는 과정에 더 가깝다고 했다. 그래서 성인들은 문법적으로나 논리적으로 이해가 되지 않는 문장을 암기하기가 어려운지도 모른다.

원어민 작문 수업의 문제점

국내 대학 중문학과에는 예외 없이 작문 수업이 있다. 2학년이나 3학년 과정에서 주로 개설한다. 이 작문 수업은 대부분 원어민(중국인)이 맡고 있다. 초급 작문은 내국인이 가르칠 수 있지만 중급 이상의 작문은 특별히 언어 능력이 뛰어난 사람이 아니고서는 사실상 가르치기가 어렵기 때문에 원어민이 가르칠 수밖에 없다. 문제는 원어민 작문 수업이 회화 수업과 전혀 차별성이 없다는 점이다. 실제 작문에서 학생들은 회화 때와는 또 다른 오류를 많이 범한다. 가장 큰 원인은 작문에서 제시한 문제, 즉 한국어의 문법 구조나 어순의 영향을 받기 때문이다. 그 외에도 목표어(중국어)의 문법 구조를 제대로 파악하지 못해서 틀리게 작문하기도 한다. 따라서 교수자는 두 언어의 구조적 차이를 설명해 주면서 이러한 오류들을 하나하나 교정해 주어야 한다. 하지만 원어민은 우리말을 모르기 때문에 목표어 자체에 대한 이해 부족으로 틀린 것은 설명이 가능하겠지만 모국어의 영향을 받아 틀린 것은 오류의 원인을 지적하고 설명해줄 수가 없다. 다시 말해서 우리말을 제시해 주고 이것을 중국어로 작문하는 통제작문 수업이 불가능하다. 단지 중국어로 자유롭게 표현하는 자유작문 형식의 수업만 가능하다. 원어민은 어떤 제목을 제시해 주고 이것에 관해 중국어로 작문하는 것을 숙제로 내거나 일기 쓰기를 숙제로 낸다. 그러고 나서 수업 시간에 틀린 어휘나 문장 구조를 교정해 준다. 그렇지만 학생들은 정작 본인이 한 작문이 왜 틀렸는지에 대한 이유를 잘 모른다. 거기다가 원어민이 중국어로 틀린 부분을 설명해주는 것을 학생들이 얼마나 알아들을 수 있을까. 특히 그림이나 동작으로 설명이 안 되는 형이상학적 단어 하나를 설명하는 데는 엄청난 시간이 소요된다. 중한 사전 한번 펼쳐보면 금방 해결되는 것을. 학생들은 학생들대로 중국어 기초가 부족한 상태에서 자기 생각을 중국어로 표현하는 것이 여간 어려운 일이 아니다. 그래서 학생들은 유사한 표현들을 다른 책에서 베껴서 낸다. 어휘는 주로 한중 사전을 이용하는데, 그러다 보니 초등학교 3학년 수준의 문장에 대졸자 수준의 어휘를 사용한 꼴이 되고 만다. 그 외에도 자유작문의 경우 학생들은 '회피전략'을 쓴다. 예를 들면, '被' 자문에 자신이 없을 경우 학생들은 '동생이 개한테 물렸다'라는 표현을 '개가 동생을 물었다'라는 표현으로 바꾸어 쓰기 때문에 오류를 발견하기가 어렵다. 작문 수업의 경우 언어 구사 능력이 뛰어난 내국인이나 어느 정도의 문법 지식을 갖춘 이중언어 사용자가 가장 적합하다고 본다.

외국인 친구가 있어야만 회화 연습을 할 수 있는가?

중국어를 공부하는 많은 학생들이 그저 중국인 친구와 같이 생활만 하면 중국어가 느는 줄 안다. 이는 아주 잘못된 생각이다. 중국인 친구는 다만 학습자 자신이 표현하고자 하는 내용을 중국어로 어느 정도 표현할 수 있는지, 혹은 질문에 어느 정도 순발력 있게 대답할 수 있는지를 측정해보는 연습 상대로서의 역할이 더 크다. 중국인 친구가 언어 지식 자체를 주입시켜주는 것은 아니다. 따라서 중국인과의 대화에서 학습 효과를 높이기 위해서는 사전에 본인이 기초 문형과 많은 어휘를 익혀야 한다. 그렇지 않으면 5분도 못 가서 대화가 단절되고 만다. 사전에 익힌 어휘나 문장을 중국인과의 대화에서 써먹었을 때 그 지식은 내 것이 되지만 대화를 통해서 중국인에게 배운 어휘나 문장은 돌아서면 금방 잊어버리게 된다. 이러한 점을 깨닫게 되면 우리는 혼자서도 얼마든지 회화 공부를 할 수 있다. 테이프를 듣고 소리내어 따라 읽을 때 내 앞에 중국인이 있다고 가상하고 따라 읽는 연습을 하면 실제로 중국인 앞에서도 본인이 하고자 하는 표현이 줄줄 나온다. 또한 같은 반 친구끼리도 상대가 중국인이라고 가정하고 얼마든지 회화 연습을 할 수 있다.

어학 연수, 꼭 가야만 하나?

어학 연수 수료증이 취업에 도움이 된다는 것은 이제 옛말이다. 그만큼 외국에 갔다오는 사람이 많다. 중문과의 경우 반의 절반 정도의 학생들이 중국에 어학연수를 간다. 기한은 대개 6개월에서 1년 정도다. 6개월 어학 연수를 한 학생은 1년에서 1년 반 정도 더 있었으면 중국어를 더 잘 할 수 있었을 텐데 하는 아쉬움을 나타낸다. 하지만 막상 더 있어 보면 기대만큼 학습 효과가 나타나는 것은 아니다. 오히려 향수병과 이미 익숙해진 환경에 긴장감이 떨어져 엉뚱한 쪽으로 시간을 소일할 확률이 높다. 필자가 생각하기로는 중국에 가기 전에 어느 정도 기초가 단단한 3학년 학생의 경우 연수 기간으로 6개월이 적합하다고 본다.

어학 연수를 가는 것은 가지 않는 것보다 낫다. 하지만 어학

연수를 가야만 중국어를 잘 할 수 있는 것은 아니다. 그럼 왜 어학 연수를 갔다온 학생들이 실제로 중국어회화 수업 시간에 중국어를 잘 하는가?

중국은 어느 대학 할 것 없이 중국어 학습반의 수업이 주 5일에 오전 8시에서 12시까지이다. 수업을 40시간 빠질 경우 중도 탈락된다. 꼭 이 이유만이 아니더라도 학생들은 어렵게 경비를 마련해 간 중국 어학연수이기에 나름대로 열심히 하려고 노력한다. 국내에서 수업시간에 공부를 안 하는 학생이 시내 학원에 가서는 열심히 공부하듯이. 오전 수업을 마치고 오후에는 일부 학생들은 바깥으로 놀러가지만 일부 학생들은 중국 학생들한테 개인 교습을 1시간(인민폐 10~20원) 받는다. 그리고 열심히 공부하는 학생은 저녁 시간에도 2시간 정도 예·복습을 한다. 저녁 학습 시간을 빼더라도 학생의 하루 총 학습시간은 5시간 정도. 중국어 실력이 늘은 것은 바로 이 5시간이나 되는 학습량의 결과이지 현지의 언어 학습 프로그램이 독특해서도 아니고 중국 친구와 함께 생활해서도 아니다. 여러분이 한국에서 여름방학, 겨울방학을 이용해서 하루 4시간씩 매일 중국어 책을 큰 소리로 소리내어 읽는 연습을 한다면 어학 연수를 간 학생들만큼 중국어를 잘 할 수 있다. 그런데 이렇게 하는 학생들이 얼마나 있겠는가. 현지에서도 중국어를 잘 하기 위해서는 기숙사에 틀어박혀 교재를 큰소리로 읽거나 테이프를 반복해서 들어야 한다. 중국어를 배운답시고 무조건 중국 학생과 어울려 다니는 것은 바람직한 방법이 아니다. 중국 학생은 어디까지나 내가 암기한 문장을 활용해보는 대상이지 중국 학생이 나에게 어휘나 문장을 주입시켜 주는 것은 아니다. 또한 내가 모르는 단어나 문장 표현을 중국 학생을 통해 그 자리에서 한 번 듣고서 기억할 수는 없다. 반드시 내가 책을 통해 여러 번 익혔던 어휘나 문장을 중국인에게서 들었을 때만이 오래 기억할 수 있다.

현지 수업도 중국 학생들과 하는 것이 아니다. 반 학생 대부분이 한국학생과 일본학생들이다. 수업 시간이 끝나면 한국 학생끼리 한국말을 하고 식사를 하러 가도 조선족이 경영하는 한국 식당에 간다. 국내 중문과에서 중국인이 하는 중국어회화 수업과 다르게 하나도 없다.

국내에서 문법 기초를 쌓은 학생은 어학 연수를 가서도 회화나 독해 실력을 꽤 향상시킬 수 있다. 하지만 '중국어 기초가 약하니 중국 가서 제대로 해야지.' 하는 생각을 가지고 간 학생은 1년을 공부해도 별반 실력이 늘지 않는다. 더구나 듣기도 제대로 안 되는 상태에서 문법적으로 이해가 안 되는 문장을 원어민의 설명을 듣고 얼마나 알아들을 수 있겠는가? 일상적인 생활 표현 ―'你吃饭了吗?', '下午我们去看电影怎么样?' 등―을 좀 한다고 해서 중국어 실력이 느는 것은 아니다. 스스로 잘한다는 느낌이 들 뿐이다. '한국 학생들과 중국 학생들의 차이점' 이나 '한국 문화와 중국 문화의 유사점' 과 같은 주제를 가지고도 중국인과 대화할 수 있어야 한다. 그러기 위해서는 풍부한 어휘력과 문법 지식이 뒷받침이 되어야 한다.

어학 연수를 갔다 온 학생들이 공통적으로 느끼는 것은 무조건 문장을 소리내어 많이 읽고 암기해야 된다는 것과 문법적인 기초가 있어야 한다는 것, 그리고 공부는 중국인이 만들어 주는 것이 아니라 자신이 한다는 점이다. 어학 연수를 가서 짧은 시간 안에 많은 학습 효과를 거두려면 중국에 가기 전에 많은 어휘와 문장을 암기하고 문법 지식을 충분히 쌓은 후에 가야 한다.

이중언어 사용자의 코드스위칭

중국 연변에 사는 교포들은 이중언어 사용자들이다. 한국인 중국어 학습자들이 이들과 대화를 하다보면 가끔씩 중국어와 한국어를 섞어가면서 이야기하는 것을 볼 수 있다. 사회언어학에서는 이중언어 사용자가 문장이나 담화 안에서 두 개의 언어를 번갈아 사용하는 것을 코드스위칭(code-switching)이라 한다. 예를 들면, "대학 교수들은 상반(上班儿)시간에 쫓기지 않아서 좋아"에서와 같이 '출근'이란 한국말 대신에 중국말을 사용한다. 이중언어 사용자가 두 언어를 번갈아 가면서 사용하는 것은 두 언어를 다 잘 할 수 없기 때문이 아니다. 이들의 언어 능력 내지는 언어 운용으로 보아야 한다. 중국어와 한국어의 코드스위칭이 일어나는 것은 상대도 자신과 마찬가지로 중국어와 한국어를 구사할 줄 아는 경우에 한정된다. 특히 한자문화권이란 점 때문에 교포들은 한국어 표현에서 중국어 어휘를 그대로 차용하여 많이 쓴다. 예를 들면, '상대방―대방(对方)', '돕다―방조(帮助)'하다', '출근하다―상반(上班)하다', '괜찮아요―일 없어요(没事儿)', '상호간에―호상(互相)간에' 등이 있다.

코드스위칭의 이유, 목적은 여러 가지로 생각할 수 있지만 주로 어떤 대상을 가리키는 말이 떠오르지 않거나 전혀 존재하지 않는 경우에 다른 언어로 바꾸어 사용한다. 여기에는 신조어(新造語)이거나, 혹은 문화적 차이로 인해서 마땅한 대응어가 없을 경우에 다른 언어로 바꾸어 말하는 것도 포함된다. 그 다음으론, 상대방에게 말하고자 하는 내용을 그대로 전달하기 곤란할 경우에도 완곡한 표현법을 찾기 위해 표현하기 유리한 언어 쪽으로 바꾸기도 한다. 또한 상대가 교포가 아닌 중국어를 제2외국어로 습득한 한국인일 경우 상대가 알아듣기 쉽게 하기 위해 대화 중간에 한국어 어휘나 문장을 사용하기도 한다. 그 외에도 대화참여자 가운데 어떤 사람이 들으면 곤란한 내용을 말하기 위하여 그 사람이 알아듣지 못하는 언어로 스위칭하는 경우도 있다.

본문

01 선생님, 올해 연세가 어떻게 되십니까?

나이를 물을 때의 '几'의 용법

|작문하기| 今年 jīnnián 岁 suì

|틀린 문장| 老师, 今年几岁了?
Lǎoshī, jīnnián jǐ suì le?

|왜 그럴까| 의문대명사 '几'는 그다지 많지 않은 숫자, 일반적으로 10이내를 물어보거나 추정할 때 사용한다.

你买了几本书? Nǐ mǎi le jǐ běn shū? (너는 책을 몇 권 샀니?)
你能在家住几天? Nǐ néng zài jiā zhù jǐ tiān? (너는 집에 며칠 머무를 수 있니?)

그래서 십 세 전후나 그 이하인 어린 아이의 나이를 물을 때는 "小朋友, 你几岁了?"로 말하고 이십 세 이하인 사람에게 물을 때는 주로 "你十几岁了?"라고 말한다. 그러나 어른에게 나이를 물을 때는 "你几岁了?"라고 말할 수는 없다.

자주 쓰이는 표현법

- 你今年三十几岁了? (올해 서른 몇인가요?)
  Nǐ jīnnián sānshí jǐ suì le?

- 他今年多大岁数了? (올해 연세가 어떻게 되십니까?)
  Tā jīnnián duōdà suìshù le?

- 你今年多大了? (올해 나이가 어떻게 되십니까? / 연장자가 연하에게 물을 때)
  Nǐ jīnnián duōdà le?

- 您今年多大年纪了? (올해 연세가 어떻게 되십니까? / 연하가 연장자에게 물을 때)
  Nín jīnnián duōdà niánjì le?

|모범작문| 老师，您今年多大岁数了？
Lǎoshī,　nín jīnnián duōdà suìshù le?

EXERCISE

1 틀린 곳을 바르게 고치시오.

1) 校长，您几岁结婚的？

2) 大学教授几岁退休？

3) 韩国人一般几岁上大学？

4) 你的女朋友几岁了？

02 그는 책을 두 권만 샀다

'二', '两'의 용법

|작문하기| 只 zhǐ   买 mǎi

|틀린 문장| 他只买了二本书。
Tā zhǐ mǎi le èr běn shū.

|왜 그럴까| '二'과 '两'은 그 용법이 서로 다르다. 숫자를 셀 때는 '二'을 쓰고 '两'을 쓰지 않는다. 그리고 세 자리 이상의 수인 경우, 일자리와 십자리는 '二'만 쓸 수 있다. 물론 백자리 이상은 '二'과 '两'을 모두 쓸 수 있다.(예: '三百二十二 sān bǎi èrshí'èr', '一百零二 yì bǎi líng èr')

'二'과 '两'은 둘 다 양사 앞에 사용할 수 있다. 하지만 '二'은 도량형 단위 양사 앞에만 쓸 수 있고 일반 양사 앞에는 사용할 수 없으나 '两'은 이 두 양사 앞에 모두 쓸 수 있다.

도량형 양사 앞

二斤	二亩	二吨	二公里	二公斤
èr jīn	èr mǔ	èr dūn	èr gōnglǐ	èr gōngjīn
两斤	两亩	两吨	两公里	两公斤
liǎng jīn	liǎng mǔ	liǎng dūn	liǎng gōnglǐ	liǎng gōngjīn

일반 양사 앞 – 명량사

两个(学生)	两双(袜子)	两本(杂志)	两件(衣服)
liǎng ge (xuésheng)	liǎng shuāng (wàzi)	liǎng běn (zázhì)	liǎng jiàn (yīfu)
二个(学生)×	二双(袜子)×	二本(杂志)×	二件(衣服)×

일반 양사 앞 – 동량사

(去过)两次	(吃了)两顿	说(两回)	跑(两趟)
(qùguo) liǎng cì	(chīle) liǎng dùn	shuō (liǎng huí)	pǎo (liǎng tàng)
(去过)二次×	(吃了)二顿×	说(二回)×	跑(二趟)×

| 모범작문 | 他只买了两本书。
Tā zhǐ mǎi le liǎng běn shū.

| 보충설명 | 그 외 '两'은 대략적인 수를 나타내는데 사용하기도 한다.(= '几')

· 这两天我一直比较忙，过两天我去找你。
Zhè liǎng tiān wǒ yìzhí bǐjiào máng, guò liǎng tiān wǒ qù zhǎo nǐ.
(요며칠은 계속 바쁘니까 며칠 지나 너한테 갈게.)

· 因为老师批评了他两句，所以他现在情绪不好。
Yīnwèi lǎoshī pīpíng le tā liǎng jù, suǒyǐ tā xiànzài qíngxù bù hǎo.
(선생님께서 그에게 몇 마디 꾸중하셔서 그는 지금 기분이 별로야.)

EXERCISE

1 '二', '两' 둘 중 옳은 것을 넣으시오.

1) 我昨天买了（　　）支钢笔。

2) 他就喝了（　　）两白酒。

3) 花（　　）块钱买了一个钱包。

4) 上学期他有（　　）门功课考得不太好。

5) 中文系一共有一百（　　）十名学生。

6) 那（　　）个人我不认识。

7) 你真有（　　）下子！

8) 他有（　　）个哥哥：大哥是教师，（　　）哥是工程师。

2 틀린 곳을 바르게 고치시오.

1) 他有二个哥哥和两个妹妹。

2) 我二姐去过二次中国，我一次也没去过。

3) 你两叔不是在中学做过两年校长吗？你可以求他帮忙嘛。

4) 你去给我买一斤猪肉，另外再买二两白酒和二包香烟。

5) 昨天晚上我们两个人一共喝了二两白酒和二瓶啤酒。

03 차로 학교까지는 세 시간 반 걸린다

'半小时' 표현 방법

|작문하기| 坐车 zuòchē   到 dào   花 huā

|틀린 문장| 坐车到学校要花三小时半。
Zuòchē dào xuéxiào yào huā sān xiǎoshí bàn.

|왜 그럴까| 수사 '半'은 단독으로 양사와 결합할 수 있다.

半斤酒 bàn jīn jiǔ   半个西瓜 bàn ge xīguā

수량구 뒤에도 사용할 수 있다.

一米半画布 yì mǐ bàn huàbù   一瓶半汽水 yì píng bàn qìshuǐ

'半'은 시간사 '钟头' 앞에는 올 수 없다. 앞에 오려면 반드시 '半'과 '钟头' 사이에 양사 '个'를 넣어야 한다.

半年 bàn nián	半天 bàn tiān	半小时 bàn xiǎoshí	半分钟 bàn fēnzhōng
半个月 bàn ge yuè	半个小时 bàn ge xiǎoshí	半个钟头 bàn ge zhōngtóu	
半月 ×	半点 ×	半钟头 ×	

'半'은 '点'의 뒤에서 时点(시간의 위치)을 나타낸다.

两点半 Liǎng diǎn bàn   十点半 Shí diǎn bàn

위에서 알 수 있듯이 '半'은 시간사 앞에서는 시간의 길이를 나타내고 시간사 뒤에서는 시점을 나타낸다. '小时'는 시간의 길이를 나타내는 시간사이므로, '半'은 이 시간사 앞에만 올 수 있다. 그래서 '三小时零三十分钟 Sān xiǎoshí líng sānshí fēnzhōng(3시간 30분)' 이라는 시간의 길이는 '三个半小时(钟头)Sān ge bàn xiǎoshí(zhōngtóu)' 로 표현해야 한다.

|모범작문| 坐车到学校要花三个半小时 (钟头)。
Zuòchē dào xuéxiào yào huā sān ge bàn xiǎoshí(zhōngtóu).

|보충설명| 이 외에도 '月'는 직접 수사(十二 이내)와 결합하여 时点('一月, 二月, … 十二月') 을 나타낸다. 그러나 '月'가 수량구와 결합할 때는 시간의 길이를 나타낸다. 이 때 '半'은 수량구 뒤, '月' 앞에만 올 수 있다. 예를 들면 '一个半月' 라 할 수는 있어도 '一个月半' 이라 할 수는 없다.

한국어에서 '半'은 '세 시간 반', '한 달 반'과 같이 '小时' 나 '月' 뒤에서 시간의 길이를 나타낸다.

① 맞는 것과 틀린 것을 O, X로 판단하시오.

1) 我一点半从学校回来的。(　)

2) 他已经走了半钟头了。(　)

3) 我们学校开学已经有半月了。(　)

4) 他半年没回家了。(　)

5) 他哥哥当兵刚一月半。(　)

6) 我回来已经两小时半了。(　)

② 틀린 곳을 바르게 고치시오.

1) 一小时半就到家了。

2) 英姬回去两个月半了吧?

3) 他写一封信用了两点时间。

4) 我就剩一月半的时间了。

04 나는 지금 좀 피곤하다

'一点', '有点'

|작문하기| 现在 xiànzài 　累 lèi

→

|틀린 문장| 我现在一点累。
Wǒ xiànzài yìdiǎn lèi.

|왜 그럴까| 한국어에서 '조금/좀'은 형용사 앞에서 부사어로 쓰인다.

① 나는 지금 좀 피곤하다.
② 나는 조금 덥다.

그러나 중국어에서 '一点'은 일부 특수한 격식 '一点 ~ 也不(没)'에서 강조를 나타낸다. 예를 들면, '一点也不累 Yìdiǎn yě bú lèi', '一点也没吃 Yìdiǎn yě méi chī'와 같이 동사나 형용사 앞에 오는 것 외에는 일반적으로 동사나 형용사 앞에서 부사어로 쓰이지 않는다. 형용사 앞에 사용하는 한국어 '조금'의 용법에 해당하는 것은 '有(一)点'이다. 따라서 한국어 '좀 피곤하다', '좀 덥다'에 해당하는 중국어는 '有点累 yǒudiǎn lèi', '有点热 yǒudiǎn rè'이다.

|모범작문| 我现在有点累。
Wǒ xiànzài yǒudiǎn lèi.

|보충설명| '有点'은 대부분 '여의치 않은 일'에 사용된다는 점에 유의해야 한다. 주로 화자가 어떤 사실에 대해 만족스럽지 못함을 표현할 때 사용한다. 형용사나 동사의 대부분은 소극적 의미나 부정적 의미를 나타낸다. 긍정적 의미의 단어는 '有点' 뒤에 올 수 없다.

다음 예의 결합은 잘못된 것이다.

有点舒服（×）　　　　**有点漂亮**（×）

有点整齐（×）　　　　**有点流利**（×）

이들 단어 앞에는 '比较'만이 올 수 있다.

比较舒服 Bǐjiào shūfu（○）　　　**比较漂亮** Bǐjiào piàoliàng（○）

比较整齐 Bǐjiào zhěngqí（○）　　**比较流利** Bǐjiào liúlì（○）

그러나 적극적 의미나 긍정적 의미의 형용사나 동사가 '不'의 부정을 받을 경우 앞에 '有点'을 둘 수 있다. 전체 부정구가 나타내는 것은 여의치 않은 일을 나타내기 때문이다.

· **心里有点不舒服。** Xīnli yǒudiǎn bù shūfu.
  (마음이 그리 편치는 않다.)

· **他今天有点不高兴。** Tā jīntiān yǒudiǎn bù gāoxìng.
  (그는 오늘 기분이 좀 언짢다.)

구어에서 '一点'과 '有点'의 '点'은 항상 儿化音 '点儿'로 읽는다. 그러나 서면 어에서는 '儿'을 쓰지 않는 경우가 많다.

① 다음 문장을 중국어로 작문하시오.

   1) 이 친구는 좀 어리석었다. [糊涂]
      ➡

   2) 나는 오늘 마음이 좀 안 놓인다. [放心]
      ➡

   3) 오늘은 날씨가 그렇게 좋지는 않다.
      ➡

   4) 택시요금이 좀 비싸다. [费用]
      ➡

   5) 학교는 우리 집에서 조금 멀다. [离]
      ➡

② '一' 나 '有'로 괄호 안을 채우시오.

   1) 今天的作业 (   ) 点多。

   2) (   ) 点毛病也没有。

   3) 他 (   ) 点作业也没做。

③ 틀린 곳을 바르게 고치시오.

   1) 我今天有点高兴。

   2) 他现在一点难受。

   3) 她长的有点好看。

   4) 班长一点生气了。

   5) 学校离家一点远。

   6) 他经济上一点困难。

05 그 사람들은 어제 또 왔었다

'再', '又'

|작문하기|

→

|틀린 문장|　昨天他们再来了。
Zuótiān tāmen zài lái le.

|왜 그럴까|　한국어에서 '또', '다시', '더' 등은 동작의 반복이나 지속을 나타내며 시간적인
제약이나 동작의 실현 여부의 제약을 받지 않는다.

① 그는 오늘 또 왔다.
② 내일 또 올게.

그러나 중국어에서 '再'는 실현되지 않은 동작의 반복이나 지속을 나타내는 데는
쓸 수 있어도 이미 일어난 동작의 반복이나 지속을 나타내는 데는 쓸 수 없다. 또
다른 부사 '又'는 이미 일어났거나 실현된 동작의 반복이나 지속을 나타내는 데만
쓸 수 있고 실현되지 않은 동작의 반복이나 지속을 나타내는 데는 쓸 수 없다.
그래서 ①의 중작에서는 '又'만을 쓸 수 있고 ②의 중작에서는 '再'나 '还'만을
쓸 수 있다. 다음 예에서 '再'와 '又'는 서로 바꿀 수 없다.

> • 请您再说一遍, 好吗? Qǐng nín zài shuō yíbiàn, hǎo ma?
> (다시 한번 더 말씀해 주시겠습니까? / '说'의 행위가 시작되지 않았음)
>
> • 他又给我说了一遍。 Tā yòu gěi wǒ shuō le yíbiàn.
> (그는 나에게 한번 더 말했다. / '说'의 행위가 이미 실현되었음)
>
> • 你再躺一会儿吧。 Nǐ zài tǎng yíhuìr ba.
> (너는 좀 더 누워 있어. / '躺'의 행위가 시작되지 않았음)
>
> • 他又躺了一会儿。 Tā yòu tǎng le yíhuìr.
> (그는 좀더 누워 있었다./ '躺'의 행위가 실현되었음)

|모범작문| 昨天他们又来了。
Zuótiān tāmen yòu lái le.

*E*XERCISE

1 '再'나 '又'로 괄호 안을 채우시오.

1) 今天特别冷, 你最好(　　)穿一件衣服。

2) 上个礼拜他(　　)感冒了。

3) 你不是说不来了吗? 怎么今天(　　)来了?

4) 今天来不及了, 明天(　　)回答大家的问题吧。

2 틀린 곳을 바르게 고치시오.

1) 看完电影又走吧, 好不好?

2) 为了答谢大家的好意, 她再唱了一首歌。

3) 我再等了半天, 可是她还是没来。

4) 你明天又来一趟吧!

5) 人们的消费水平越来越高, 物价再上升了。

6) 他念错了, 再念了一遍。

7) 老师, 我没听清楚, 请又说一遍。

06 그들은 모두 북경대학 학생들이다

판단문과 '是'

|작문하기|

➜

|틀린 문장| 他们都北京大学的学生。
Tāmen dōu Běijīng dàxué de xuésheng.

|왜 그럴까| 중국어 판단문에서는 대부분 판단동사 '是'를 사용한다. '是'가 없을 경우 문장이
성립되기 어렵다. 판단문에서 '是' 없이 명사어가 직접 술어가 되는 경우는 많지
않다. 시간, 날씨, 본적지, 연령, 수량, 용모 등을 표현한 단문에 한정된다.

> - 今天星期天。Jīntiān xīngqītiān.
>   (오늘은 일요일이다. / 시간)
> - 昨天晴天。Zuótiān qíngtiān.
>   (어제는 날이 맑았다. / 날씨)
> - 老王山东人。Lǎo Wáng Shāndōng rén.
>   (왕씨는 산동 사람이다. / 본적지)
> - 我今年三十二岁。Wǒ jīnnián sānshí'èr suì.
>   (나는 올해 서른 둘이다. / 연령)
> - 一斤白菜五毛。Yì jīn báicài wǔ máo.
>   (배추 한 근에 50전. / 수량)
> - 她大眼睛, 高鼻梁。Tā dà yǎnjing, gāo bíliáng.
>   (그녀는 큰 눈에 코가 오똑하다. / 용모)

하지만 이들 문장의 부정문에는 '不'가 아닌 '不是'를 사용하여야 한다.

- 今天不是星期天。Jīntiān bú shì xīngqītiān.
  (오늘은 일요일이 아니다.)
- 昨天不是晴天。Zuótiān bú shì qíngtiān.
  (어제는 날씨가 맑지 않았다.)
- 老王不是山东人。Lǎo Wáng bú shì Shāndōng rén.
  (왕씨는 산동사람이 아니다.)

'是' 판단문을 한국어로 표현할 경우 '是'의 의미는 체언(주로 명사)에 붙는 서술격조사 '-이다'에 의해 표현된다. 즉 "그는 북경대학교 학생이다."에서 '-이다'가 그 예이다. 표제 작문에서 학습자는 명사구 '北京大学的学生 Běijīng dàxué de xuésheng' 자체가 문장에서 술어의 역할을 하는 것으로 보았기 때문에 이같은 오류가 생긴 것이다.

|모범작문| 他们都是北京大学的学生。
Tāmen dōu shì Běijīng dàxué de xuésheng.

|보충설명| 반대로 학습자들은 '是'를 사용할 필요가 없는 문장에 '是'를 사용하기도 한다. "이 책은 두껍다"의 오류 문장 "这一本书是很厚"가 그 예이다. '是'를 영어의 'be' 동사와 동일한 것으로 보았기 때문에 이 같은 오류가 생긴다.

1　다음 문장을 중국어로 작문하시오.

1) 중국에 온 목적이 무엇입니까?

➡

2) 내가 보기에 그들은 중국사람이다.

➡

3) 우리는 모두 좋은 친구 사이이다.

➡

4) 그는 축구선수가 아니다.

➡

2　틀린 곳을 바르게 고치시오.

1) 我住的地方比较大的城市。

2) 他们俩很好的朋友。

3) 在中国利用率最高的自行车。

4) 自行车也很好的一个交通工具。

5) 公共汽车很方便的交通工具。

07 나는 어제 그를 만났다

离合动词

|작문하기|

|틀린 문장| 昨天我见面他了。
Zuótiān wǒ jiànmiàn tā le.

|왜 그럴까| 동사는 목적어를 가질 수 있느냐 없느냐에 따라 타동사와 자동사로 나뉜다. 목적어를 가질 수 있는 타동사가 동사의 대부분을 차지한다. 자동사는 일반적으로 목적어를 가질 수 없으며, 가장 전형적인 자동사는 절대로 목적어를 가질 수 없다. 다음 동사들이 이에 속한다.

游泳 yóuyǒng	起立 qǐlì	休息 xiūxi	出发 chūfā	旅行 lǚxíng
旅游 lǚyóu	聚会 jùhuì	面谈 miàntán	交谈 jiāotán	分离 fēnlí

중국어에서 离合词는 특수한 언어형식의 하나로 어휘 의미에서 보면 하나의 단어에 해당하나 문법적으로 보면 두 자 가운데에 다른 성분이 올 수 있어 구에 해당하기도 한다. 离合词의 보편적인 구성방식은 动宾式('担心 dānxīn', '生气 shēngqì')과 动补式('打倒 dǎdǎo', '看见 kànjiàn')이다. 动补式 离合词는 일반적으로 목적어를 가질 수 있으나, 动宾式 离合词는 그 일부만 목적어를 가질 수 있다. ('担心他的健康。Dānxīn tā de jiànkāng.', '讨好老师。Tǎohǎo lǎoshī.')
아래의 动目式 离合词는 절대로 목적어를 가질 수 없다.

见面 jiànmiàn	发言 fāyán	出诊 chūzhěn	发烧 fāshāo	受骗 shòupiàn
吵架 chǎojià	洗澡 xǐzǎo	睡觉 shuìjiào	理发 lǐfà	散步 sànbù
毕业 bìyè	帮忙 bāngmáng	打仗 dǎzhàng	生气 shēngqì	结婚 jiéhūn
撤职 chèzhí	丢脸 diūliǎn	报仇 bàochóu		

이 단어들이 의미상의 목적어(관련된 사람이나 사물)를 가지려면 이 목적어를 두 어소 가운데에 두든지, 아니면 개사를 이용하여 개사구를 만들어 동사 앞에 두든지 해야 한다.

- 受了坏人的骗。Shòu le huàirén de piàn. (○) / 受骗坏人。(×)
  (나쁜 사람에게 사기를 당했다.)

- 帮了我的忙。Bāng le wǒ de máng. (○) / 帮忙我。(×)
  (나를 도와 주었다.)

- 撤了厂长的职。Chè le chǎngzhǎng de zhí. (○) / 撤职厂长。(×)
  (공장장을 해직시켰다.)

- 为他报仇。Wèi tā bàochóu. (○) / 报仇他。(×)
  (그의 원수를 갚다.)

- 从大学毕业。Cóng dàxué bìyè. (○) / 毕业大学。(×)
  (대학을 졸업하다.)

- 给他帮忙。Gěi tā bāngmáng. (○) / 帮忙他。(×)
  (그를 돕다.)

따라서 '见面'도 离合词이므로 뒤에 목적어를 둘 수 없다.

|모범작문| 昨天我见他的面了。Zuótiān wǒ jiàn tā de miàn le.
昨天我跟他见面了。Zuótiān wǒ gēn tā jiànmiàn le.
昨天我见到他了。Zuótiān wǒ jiàndào tā le.

1 다음 문장을 중국어로 작문하시오.

1) 나도 그 학교를/에서 졸업했어. [是 ~ 的]

➡

2) 나도 그 사람과 악수했어. [握手]

➡

3) 아버님께서 병원에 입원하셨다면서요. [听说 / 住院]

➡

4) 나는 아직 그를 만나지 못했다.

➡

5) 나는 중국에 유학 가려고 한다.

➡

6) 나는 중국을 여행한다. [旅行中国(×) / "去+장소"]

➡

7) 나는 그를 도와 준다. ["帮助"는 목적어를 가짐]

➡

2 틀린 곳을 바르게 고치시오.

1) 我后来结婚他了。

2) 他已经毕业了专科学校。

3) 我从开学到现在, 一直没有见面过他。

4) 他现在不在韩国, 他正旅游欧洲。

5) 今天晚上我去见面朋友。

6) 我要上课初级汉语。

7) 我要录音她唱的那首歌。

8) 我每天散步公园。

9) 今天金哲请客了我一顿。

10) 我想以后再留学中国学习中文。

11) 我总不听话大人的劝告。

12) 1978年我入学大学了。

08 그는 주말마다 서울에 올라간다

추향동사와 장소목적어

|작문하기| 每周末 měizhōumò 汉城 Hànchéng

➡

|틀린 문장| 我每周末回去汉城。
Wǒ měi zhōumò huíqù Hànchéng.

|왜 그럴까| 추향동사에는 단음절도 있고 쌍음절도 있다. 예를 들면 '回'는 단음절이고 '回来/回去'는 쌍음절이다. 그런데 단음절 추향동사는 '开'와 '起'를 제외하고는 장소목적어가 올 수 있으나 쌍음절 추향동사 뒤에는 장소목적어가 올 수가 없다. 즉, '进礼堂', '回家'로 표현할 수는 있어도 '进来礼堂 Jìnlái lǐtáng / 进去礼堂 Jìnqù lǐtáng', '回来家 Huílái jiā / 回去家 Huíqù jiā'로 표현할 수는 없다. 장소목적어를 추향동사 가운데 두어 '进礼堂来 jìn lǐtáng lái / 进礼堂去 jìn lǐtáng qù', '回家来 Huí jiā lái / 回家去 Huí jiā qù'로 표현해야 한다. 그 외에 장소어를 개사 '从', '自'와 결합시켜 동사 앞에 두는 방법도 있다. '从北京过来 Cóng Běijīng guòlái', '从家里出去 Cóng jiā li chūqù', '自上海过去 Zì Shànghǎi guòqù' 등과 같은 표현이 그러하다. 쌍음절 추향동사가 동사 뒤에서 추향보어로 쓰일 때도 그 뒤에는 장소, 목적어가 올 수 없다. 장소를 나타내는 어구는 반드시 추향보어 중간에 놓여야 한다. 즉, '送回去家 Sònghuí qù jiā', '跑进来教室 Pǎo jìnlái jiàoshì'로 표현할 수는 없고 '送回家去 Sònghuí jiā qù', '跑进教室来 Pǎo jìn jiàoshì lái'로 표현해야 한다.

|모범작문| 我每周末回汉城(去)。
Wǒ měi zhōumò huí Hànchéng (qù).

① 다음 문장을 중국어로 작문하시오.

1) 나는 부모님을 뵈러 자주 집에 간다. [看望]

➡

2) 나는 중국어를 배우고 싶어 중문과에 들어왔다.
[想学习, 进来 / 쉼표를 사용하여 두 절로]

➡

3) 우리들은 서점에서 나와 영화관에 갔다.
[书店, 出来, 以后, 电影院]

➡

4) 그는 지난달에서야 한국에 돌아왔다. ["就"와 "才", 回来]

➡

② 틀린 곳을 바르게 고치시오.

1) 忽然看见一条鱼跃出来水面。

2) 他快要出来拘留所了。

3) 你什么时候回去中国?

4) 他把车开回去家里了。

5) 他大概明天回来家。

6) 学生们都进去了教室。

09 나는 내 목표를 꼭 이루고야 말겠어

목적어의 위치

|작문하기|　一定 yídìng　　实现 shíxiàn

|틀린 문장|　我一定要自己的目标实现。
　　　　　Wǒ yídìng yào zìjǐ de mùbiāo shíxiàn.

|왜 그럴까|　일반적으로 이런 문장을 우리말 어순대로 중작하는 학습자가 많다.
　　　　　중국어에서는 함부로 목적어를 동사 앞에 둘 수 없다. 여기에는 일정한 조건이
　　　　　따르는데, 주로 다음 세 가지 경우가 그러하다.

1　목적어가 의문대명사로 부사 '都', '也'와 호응할 경우

- 我哪儿都不去。Wǒ nǎr dōu bú qù.
  (나는 아무데도 안 간다.)

- 他什么都会，真是一个能干的人。
  Tā shénme dōu huì, zhēn shì yí ge nénggàn de rén.
  (그는 무엇이든 잘해. 정말 재주꾼이야.)

2　목적어 앞에 '一'가 있고 뒤에는 부정 부사 '不'나 '没(没有)'가 있어 '一 ~ 不(没有)'의 격식을 이룰 경우

- 我一个汉字都不认识。Wǒ yí ge Hànzì dōu bú rènshi.
  (나는 한자를 하나도 모른다.)

- 屋里一个人也没有。Wū li yí ge rén yě méiyǒu.
  (집안에는 아무도 없다.)

3 목적어를 가진 몇 개의 절이 이어진 복합문에서, 각 목적어가 의문대명사 가 아니라도 문장 전체가 열거 형식일 경우, 각 절의 목적어는 동사 앞에 올 수 있다.

- 我汉城也去过，釜山也去过，韩国的几个大城市都去过。
  Wǒ Hànchéng yě qùguo, Fǔshān yě qùguo, Hánguó de jǐ ge dàchéngshì dōu qùguo.
  (나는 서울에도 가 봤고 부산에도 가 봤다. 한국의 대도시 몇 군데는 모두 가 봤다.)

표제 작문에서 목적어 '自己的目标'는 어느 유형에도 속하지 않기 때문에 동 사 뒤에 와야 한다.

|모범작문| 我一定要实现自己的目标。
Wǒ yídìng yào shíxiàn zìjǐ de mùbiāo.

EXERCISE

① 다음 문장을 중국어로 작문하시오.

1) 나는 졸업 후에 대학원 시험을 치려고 한다.

　[打算, 考研究所(×) → 考研究生 / 考研]

　➜

2) 이 영화는 유럽에서 찍었기 때문에 돈이 많이 들었다.

　[到欧洲, 拍摄 / 인과관계지만 连词를 사용하지 않고 쉼표를 사용]

　➜

3) 어제 북경요리를 먹었는데 아주 맛있었다.

　➜

4) 그는 혼자서 백주를 두 병이나 마셨다. [白酒, 瓶]

　➜

② 틀린 곳을 바르게 고치시오.

1) 英姬在图书馆去了。

2) 我汉语说的时候很紧张。

3) 他什么时候汉城离开?

4) 你一定来晚会参加啊！

5) 我最喜欢的季节是春天，但是冬天也喜欢。

6) 你中秋节朋友见面了吗?

10 저희 아버지는 택시 운전을 하십니다

体目动词

|작문하기| 出租汽车 chūzūqìchē

|틀린 문장| 我爸爸做开出租汽车。
Wǒ bàba zuò kāi chūzūqìchē.

|왜 그럴까| 중국어에서 대부분의 동사는 명사를 목적어로 가지고 있다.

洗(衣服)xǐ (yīfu) 买(东西)mǎi (dōngxi)

发表(文章)fābiǎo (wénzhāng) 翻译(汉语)fānyì (Hànyǔ)

그러나 어떤 동사는 명사성 목적어가 아닌 비명사성(동사성이나 형용사성) 목적어를 가지고 있다.

主张(大家都去)。Zhǔzhāng (dàjiā dōuqù).

禁止(在车内吸烟)。Jìnzhǐ (zài chēnèi xīyān).

感到(非常热)。Gǎndào (fēicháng rè).

希望(你能理解我)。Xīwàng (nǐ néng lǐjiě wǒ).

또 어떤 동사는 명사성 목적어와 비명사성 목적어를 다 가지고 있기도 하다.

| 喜欢 | 喜欢我的孩子 Xǐhuan wǒ de háizi (명사성 목적어) |
| | 喜欢踢足球 Xǐhuan tī zúqiú (비명사성 목적어) |

| 讨论 | 讨论学术问题 Tǎolùn xuéshù wèntí (명사성 목적어) |
| | 讨论怎么办 Tǎolùn zěnme bàn (비명사성 목적어) |

'做' 라는 동사는 명사성 목적어만을 가질 수 있다. 즉, "做作业", "做家务"라 할 수는 있어도 "做打乒乓球", "做考试"라 할 수는 없다. 따라서 표제 작문에서 "开出租汽车"는 비명사성(动目构造)이므로 '做' 의 목적어가 될 수 없다.

|모범작문| 我爸爸开出租汽车。Wǒ bàba kāi chūzūqìchē.

我爸爸是开出租汽车的。Wǒ bàba shì kāi chūzūqìchē de.

|보충설명| 한국어에서는 '택시를 운전하다' 를 '택시 운전을 하다' 로 바꾸어 표현할 수 있다. 그러다 보니 학습자는 이 '하다' 에 대응하여 '做' 를 사용하는 오류를 자주 범한다. 이 뿐만 아니라 학습자는 "나는 그의 행복을 빈다"와 같은 문장을 작문할 때에도 한국어의 영향을 받아 동사 '希望' 뒤에 명사성 목적어를 두는 오류를 자주 범한다.

我希望他的幸福。(×)

'希望' 은 "希望你明天来一趟。Xīwàng nǐ míngtiān lái yítàng.", "希望我们经常保持联系。Xīwàng wǒmen jīngcháng bǎochí liánxì." 와 같이 비명사성 목적어만을 가질 수 있다. '他的幸福' 는 명사성 偏正构造이다. 한국어에서는 '그의 행복' 이 동사 '바라다' 의 목적어로 쓰였지만 중국어에서는 '希望' 의 목적어가 될 수 없다. 따라서 다음과 같이 고쳐야 한다.

我希望他(获得)幸福。(○)
Wǒ xīwàng tā (huòdé) xìngfú.

① 다음 문장을 중국어로 작문하시오.

1) 어머니는 아들에게 담배를 배우지 말 것을 당부했다.
　[要求, 学抽烟]

　➡

2) 그는 벌써 시험을 다 쳤다. [完]

　➡

3) 그 사람과 연락했습니까? [和, 联系]

　➡

4) 나는 어제 벌써 숙제를 제출했다. [就, 交作业]

　➡

5) 나는 너의 성공을 빈다. [= 나는 네가 성공하기를 바란다]

　➡

② 틀린 곳을 바르게 고치시오.

1) 哥哥的做结婚了。

2) 我们还做各种比赛。

3) 我觉得我们家很多孩子。

4) 他希望我更加努力学习的学生。

5) 老师对学生要求每天做作业。

6) 我向你要求亲自完成这项任务。

7) 他对老渔民希望回去以后努力工作。

11 내가 왔을 때 벌써 그는 떠났다

부사의 위치

|작문하기|　的时候 deshíhou　　已经 yǐjīng

➡

|틀린 문장|　我来的时候，已经他走了。
Wǒ lái de shíhou, yǐjīng tā zǒu le.

|왜 그럴까|　부사의 기본적인 용도는 동사나 형용사를 수식하는 것이다. 부사의 가장 일반적인 위
치는 주어 뒤, 동사/형용사 앞이다. 문장에서 주어 앞에 올 수 있는 경우는 두 가지다.
하나는 어기를 나타내는 일부 쌍음절 부사(难道, 也许, 的确, 偏偏, 莫非, 大概, 幸亏,
幸而, 到底)와 시간을 나타내는 일부 쌍음절 부사(忽然, 终于)인 경우로, 이들 부사는
때로는 문두에서 문장 전체의 수식어가 되어 문장 전체의 어기나 시간을 강조한다.

> • 难道你真不想去了？ Nándào nǐ zhēn bù xiǎng qù le?
>   (너는 정말로 가기 싫은 거니?)
>
> • 忽然，远处传来一声尖叫。 Hūrán, yuǎnchù chuánlái yìshēng jiānjiào.
>   (갑자기 멀리서 날카로운 비명소리가 들려왔다.)

다른 하나는 범위를 표시하는 일부 부사(就, 只, 光, 单)이다. 이들 부사는 때로는 주어
앞에서 사람이나 사물의 범위를 한정한다.

> • 只这几家商店开始营业。 Zhǐ zhè jǐ jiā shāngdiàn kāishǐ yíngyè.
>   (상점 몇 개만 영업을 시작했다.)
>
> • 就你一个人去？ Jiù nǐ yí ge rén qù?
>   (너 혼자만 가니?)

이 두 가지 특수한 상황을 제외하고는 부사는 문장에서 주어 앞에 올 수 없다.
따라서 표제 작문에서 부사 '已经'은 술어동사 '走' 앞에 와야 한다.

|모범작문| 我来的时候，他已经走了。Wǒ lái de shíhòu tā yǐjīng zǒu le.

|보충설명| 한국어에서 부사 '이미/벌써'는 중국어보다 어순이 훨씬 자유로워 표제 문장 "내가 왔을 때 벌써 그는 떠났다"에서처럼 주어 앞에 놓일 수도 있다. 이러한 한국어 어순의 영향으로 학습자는 부사를 주어 앞에 두는 오류를 종종 범한다.

EXERCISE

1 다음 문장을 중국어로 작문하시오.

1) 내 생각에도 이번 회의는 매우 뜻깊은 회의였던 것 같다.
   [意义, 非常, 深远]

   ➜

2) 동생은 매우 키가 작다. [低(×)]

   ➜

3) 며칠 지나서 정말로 그는 이곳을 떠났다. [真的, 了]

   ➜

4) 그가 그렇게 말해서 나는 실망했다. [就, 失望]

   ➜

5) 우리는 수업을 마치자마자 서점에 갔다. [一 ~ 就]

   ➜

6) 내일도 우리는 쉰다.

    ➜

7) 오늘도 그는 일찍 일어났다.

    ➜

8) 특히 나는 중국영화를 좋아한다.

    ➜

2 틀린 곳을 바르게 고치시오.

1) 到杭州时，已经太阳落下去了。

2) 我来学校的时候，已经他走了。

3) 我们交往了已经七年左右。

4) 个子是大概一米七十。

5) 他工作已经过了三年。

6) 其中最快的是当然飞机。

7) 他对我很好，也我对他很好。

8) 那个人非常心眼不好。

9) 我已经大学三年级的学生。

12 나는 두 번 갔었다

动量补语

|작문하기||

➡

|틀린 문장| 我两次去了。
Wǒ liǎng cì qù le.

|왜 그럴까| 한국어에서 동작의 횟수를 나타내는 수량사는 늘 동사 앞에 오지만 중국어에서 동작의 횟수를 나타내는 수량사는 일반적으로 동사 뒤에 와서 보어가 된다.

去两次 Qù liǎng cì **看三遍** Kàn sān biàn **洗一回** Xǐ yì huí
(두 번 가다) (세 번 보다) (한 번 씻다)

중국어에서 동작의 횟수를 나타내는 수량사는 아래 두 가지 상황에서만 동사 앞에 올 수 있다.

1 어떤 동작을 완성시키는 데 필요한 횟수를 강조

- 武松三拳就把老虎打倒了。 Wǔsōng sān quán jiù bǎ lǎohǔ dǎdǎo le.
  (무송은 단 세 방에 호랑이를 때려눕혔다.)

- 一趟就拉完了。 Yí tàng jiù lāwán le.
  (한 번에 다 날랐다.)

2 동사 앞에 '曾经', '又', '再' 등의 부사가 있을 경우

- 他曾经两次访问过中国。 Tā céngjīng liǎng cì fǎngwènguo Zhōngguó.
  (그는 중국을 두 번이나 방문했었다.)

- 他又一次强调了这个问题的重要性。
  Tā yòu yí cì qiángdiào le zhè ge wèntí de zhòngyàoxìng.
  (그는 이 문제의 중요성을 또 한 번 강조했다.)

我去了两次。 Wǒ qù le liǎng cì.

그러면 동사 뒤에 목적어가 있을 때 수량사의 위치는 어떻게 될까?

일반적인 순서는 수량사가 앞에 오고 목적어가 뒤에 온다.

> - 她就洗过两次衣服。 Tā jiù xǐguo liǎng cì yīfu.
>   她就洗过衣服两次。(×) (그녀는 옷을 딱 두 번 빨았다.)
> - 他去了一趟学校。 Tā qù le yí tàng xuéxiào.
>   他去了学校一趟。(×) (그는 학교를 한 번 다녀왔다.)
> - 他问过三次这个问题。 Tā wènguo sān cì zhè ge wèntí.
>   他问过这个问题三次。(×) (그는 이 문제를 세 번 물었다.)

목적어가 인칭대명사일 경우 목적어는 수량사 앞에 위치한다.

> - 我找了他三次。 Wǒ zhǎo le tā sān cì.
>   我找了三次他。(×) (나는 그를 세 번 찾았다.)
> - 我曾经问过他一次。 Wǒ céngjīng wènguo tā yí cì.
>   我曾经问过一次他。(×) (나는 그에게 한 번 물은 적이 있다.)

목적어가 지명이나 인명을 나타낼 경우 수량보어는 목적어 앞뒤에 모두 올 수 있다.

> - 我去过两次汉城。 Wǒ qùguo liǎng cì Hànchéng.
>   我去过汉城两次。 Wǒ qùguo Hànchéng liǎng cì.
>   (나는 서울에 두 번 갔었다.)
> - 我找过一次金哲。 Wǒ zhǎoguo yí cì Jīn Zhé.
>   我找过金哲一次。 Wǒ zhǎoguo Jīn Zhé yí cì.
>   (나는 김철을 한 번 찾아간 적이 있다.)

1 다음 문장을 중국어로 작문하시오.

   1) 김철(金哲)은 부산을 두 번 갔었다.

      ➜

   2) 오전만 해도 두 번이나 너를 찾았다. [就, 过]

      ➜

   3) 부산은 몇 번 갔다 왔니? [几趟]

      ➜

   4) 나는 벌써 두 번 읽었다. [遍, 读]

      ➜

   5) 그는 이미 두 번 썼다.

      ➜

2 틀린 곳을 바르게 고치시오.

   1) 他去年回国了一次。

   2) 他看了一下儿我，没有说话。

   3) 她每星期一次给家里打电话。

   4) 每个星期三次他们来这里做礼拜。

   5) 我两次去了汉城。

   6) 我三次参加了讨论会。

   7) 来中国以后，我两次到长城去了。

   8) 他很多次看过中国电影。

13 나는 중국어를 2년 배웠다

시간수식어와 시간보어

|작문하기|

|틀린 문장| 我两年学了汉语。
Wǒ liǎng nián xué le Hànyǔ.

|왜 그럴까| 한국어에서 시간의 길이를 나타내는 성분은 동사 앞에 오지만 중국어는 동사 뒤에 온다.

2년 배웠다.	
学了两年。Xué le liǎng nián.	两年学了。(×)
3일 보았다.	
看了三天。Kàn le sān tiān.	三天看了。(×)
한 시간 쉬었다.	
休息了一个钟头。Xiūxi le yí ge zhōngtóu.	一钟头休息了。(×)
오랫동안 연구했다.	
研究了好长时间。Yánjiū le hǎocháng shíjiān.	好长时间研究了。(×)

중국어에서 시간을 나타내는 성분이 동사 앞에 올 경우 제약이 따른다. 술어 부분의 동작이 완료되는 데 소요되는 시간을 강조할 때만 시간성분을 동사 앞에 둘 수 있다.

- 他三天看了两本书。Tā sān tiān kàn le liǎng běn shū.
  (그는 3일 동안 책을 두 권 읽었다.)

- 我一个星期就把文章写好了。Wǒ yí ge xīngqī jiù bǎ wénzhāng xiěhǎo le.
  (나는 일주일 만에 글을 다 썼다.)

그러나 동작이 지속된 시간을 나타낼 때는 동사 뒤에만 올 수 있다. 동사 뒤에 목적어가 있을 경우 일반적으로 시간 보어가 앞에 오고 목적어가 뒤에 온다.

- 他已经学了半年韩国语了。Tā yǐjīng xué le bàn nián Hánguóyǔ le.
  (그는 한국어를 배운지 반 년이나 된다.)
  他已经半年韩国语学了。(×)

- 我等了半天公共汽车了。Wǒ děng le bàn tiān gōnggòngqìchē le.
  (나는 버스를 한참 기다렸다.)
  我半天等公共汽车了。(×)

목적어가 인칭대명사나 사람을 가리키는 명사일 경우 시간보어는 목적어 뒤에 온다.

- 我们在机场等了你好几个小时了！
  Wǒmen zài jīchǎng děng le nǐ hǎo jǐ ge xiǎoshí le!
  (우리는 공항에서 너를 몇 시간동안 기다렸다.)

- 我已经问小刚半天了，可他就是不说实话。
  Wǒ yǐjīng wèn xiǎo Gāng bàntiān le, kě tā jiù shì bù shuō shíhuà.
  (나는 강군에게 한참 캐물었으나 그는 한사코 사실대로 말하지 않았다.)

|모범작문| 我学了两年汉语。
Wǒ xué le liǎng nián Hànyǔ.

1 다음 문장을 중국어로 작문하시오.

1) 우리는 벌써 중국어를 4년 배웠다. [= 우리는 중국어를 배운 지 벌써 4년이 나 된다. 지금도 배우고 있을 경우 두 개의 "了"를 사용]

→

2) 옷을 한참 찾았는데도 못 찾았다. [半天, 也, 到]

→

3) 나는 그와 오랜 시간 동안 이야기했다. [谈话, 好长时间]

→

4) 그는 나를 반 시간 기다렸다. [半个小时]

→

5) 서문으로 들어갈 경우 한 15분쯤 가야 한다. [从, 进去, 大概, 走]

→

6) 일요일 김철은 하루종일 물건을 샀다. [整整, 一天]

→

2 틀린 곳을 바르게 고치시오.

1) 他三个小时看电视了。

2) 他打球了三个钟头。

3) 我一年在中国留学了。

4) 金哲两天病了，没来上课。

5) 我已经一个星期感冒。

6) 他已经三个礼拜住院了。

7) 他病了已经过三四天了。

8) 爷爷死了以后已经三年了。

14 네가 가든 말든 나는 가겠다

복합문에 사용하는 관련어구

|작문하기| 不管 bùguǎn

|틀린 문장| **不管你去不去，我去。**
Bùguǎn nǐ qù bu qù, wǒ qù.

|왜 그럴까| 중국어 복합문에서 절과 절 사이의 관계는 늘 관련어구를 써서 나타낸다. 특히 서면어의 경우 더욱 그러하다. 관련어구로는 '虽然', '但是', '因为', '所以' 등과 같은 连词와 '也', '又' 등과 같은 부사, 그리고 '不是 ～ 而是', '还是', '一方面', '另一方面' 등과 같은 것이 있다. 일부 복합문 관계에서는 짝을 이루는 관련어구를 사용할 수도 있고 그 중 하나만 사용할 수도 있다. 하나만 사용할 경우 대부분 뒤의 것을 사용한다. 앞의 것만을 가지고는 사용할 수 없다. 아래의 짝을 이루는 관련어구는 하나만 사용할 경우 뒤의 것만 사용할 수 있다.

(又) ～ 又　　(既) ～ 也		(병렬 관계)
(或者) ～ 或者　(是) ～ 还是　(要么) ～ 要么		(선택 관계)
(不但) ～ 而且　(尚且) ～ 何况		(가일층 관계)
(虽然) ～ 但是　(尽管) ～ 可是		(역접 관계)
(只要) ～ 就　　(只有) ～ 才		(조건 관계)
(如果) ～ 那么　(假如) ～ 那		(가설 관계)
(因为) ～ 所以　(之所以) ～ 是因为		(인과 관계)

다음 관련어구는 대부분 짝을 이루어 사용해야 한다. 어느 하나만을 사용할 수는 없다.

一边 ~ 一边	一方面 ~ 另一方面	不是 ~ 而是	(병렬 관계)
与其 ~ 不如	宁可 ~ 也不		(선택 관계)
无论(不论, 不管) ~ 都(总是, 也, 还)			(조건 관계)
即使(就是, 就算, 哪怕) ~ 也(还)			(가설 관계)

|모범작문| 不管你去不去, 我都去。
Bùguǎn nǐ qù bu qù, wǒ dōu qù.

|보충설명| 한국어 번역문에서는 앞 절에는 중국어 관련어구에 대응되는 어구가 나타나지만 뒤 절에는 나타나지 않는다. 그러다 보니 "만약에 비가 오면 나는 안 가겠다"를 중작할 경우 "如果下雨, 我不去(×)"에서처럼 '就'를 빠뜨리는 오류를 자주 범한다. 또한 한국어 표현에서는 '만약에' 라는 어휘를 사용하지 않더라도 어미 '-면/-으면'과 같은 어미활용에 의해 가설의 의미를 표현할 수 있다는 점에 주의해야 한다. 그 외에 관련어구의 위치 문제에도 주의해야 한다. '不但 ~ 而且', '一方面 ~ 一方面' 등과 같은 관련어구를 사용할 때에 절의 주어가 동일할 경우 관련어구는 주어 뒤에 와야 한다.

- 他不但会写诗歌, 而且会写剧本。Tā búdàn huì xiě shīgē, érqiě huì xiě jùběn.
  (그는 시가를 지을 뿐만 아니라 시나리오도 쓸 수 있다.)

- 金哲一边工作, 一边学习。Jīn Zhé yìbiān gōngzuò, yìbiān xuéxí.
  (김철은 일하면서 공부한다.)

절의 주어가 다를 경우 관련어구는 주어 앞에 와야 한다.

- 不仅他会写诗歌, 而且我也会写。Bùjǐn tā huì xiě shīgē, érqiě wǒ yě huì xiě.
  (그 사람만 시가를 지을 수 있는 게 아니라 나도 할 수 있다.)

- 一方面胆子要大, 另一方面心还要细。
  Yìfāngmiàn dǎnzi yào dà, lìng yìfāngmiàn xīn hái yào xì.
  (담도 크면서 마음가짐도 섬세해야 한다.)

그러나 뒤 절의 관련어구가 부사일 경우 이 부사는 반드시 주어 뒤에 와야 한다.

- 不但他去了，我也去了。Búdàn tā qù le, wǒ yě qù le.
  (그 사람 뿐만 아니라 나도 갔다.)

아래 문장은 모두 관련어구의 위치가 틀린 것이다.

- 你不但不愿意去，而且他也不愿意去。(×)
- 如果他不同意，就我不去了。(×)

위의 첫번째 틀린 문장에서는 두 절의 주어가 같지 않으므로 앞 절의 '不但'은 주어 '你' 앞에 와야 하고, 두번째 틀린 문장에서 뒤 절의 관련 작용을 하는 부사 '就'는 주어 '我' 뒤에 와야 한다. 이같은 오류는 한국인 학습자에게 많이 나타나는 현상이다.

1 다음 문장을 중국어로 작문하시오.

1) 그가 어떻게 말하든 간에 다른 사람은 믿지 않는다. [不管]

→

2) 안 온다 해도 너를 탓할 수는 없어. [即使, 怪罪]

→

3) 나를 돕기만 한다면 너의 요구를 들어주겠어. [只要, 肯, 答应]

→

4) 그가 잘못을 인정한 이상 더이상 그 사람을 훈계하지 마라.
   [既然, 承认, 就, 说]

→

2 틀린 곳을 바르게 고치시오.

1) 我去找他的时候，还他在睡觉。

2) 不但金哲去了，英姬去了。

3) 如果他不同意，就我不去了。

4) 不但她很漂亮，而且心眼也好。

15 나는 어제 영화를 보러 가지 않았다

'不', '没'

|작문하기|

 →

|틀린 문장| 我昨天不去看电影。
Wǒ zuótiān bú qù kàn diànyǐng.

|왜 그럴까| 부사 '不'와 '没'는 둘 다 부정을 나타내지만 의미와 용법에는 큰 차이가 있다.
예를 들면, '去不? —— 不去(갈거니 안 갈거니? —— 안 가)'의 '不'는 동작이
나 상태에 대한 부정으로, 이것이 사용된 문장은 화자의 바람이나 견해를 나타
낸다. '不去'는 가기를 원하지 않거나 갈 수 없음을 나타낸다. '没有'는 이미 일
어났거나 완료된 동작 또는 상태를 부정한다. 예를 들면, '去了没有? —— 没
(有)去(갔었니? —— 안 갔어)'에서 '没(有)去'는 '去了'에 대한 부정으로 이러
한 동작·행위가 사실이 아님을 나타낸다. '没(有)'는 객관적 서술에 사용하며
시간적으로는 대부분 과거의 동작·행위에 대한 부정을 나타내는 데 사용하고
미래의 동작·행위에 대한 부정을 나타내는 데는 사용하지 않는다.

> 他昨天没去。Tā zuótiān méi qù. (O) (그는 어제 안 갔다. / 과거)
> 他明天没去。Tā míngtiān méi qù. (×) (미래)

그러나 '不'는 일반적으로 주관적 바람에 사용하고 현재, 미래의 동작·행위에
대한 부정을 나타낸다.

> 他今天不去。Tā jīntiān bú qù. (그는 오늘 안 간다. / 현재)
> 他明天不去。Tā míngtiān bú qù. (그는 내일 안 갈 것이다. / 미래)

과거의 늘 있었던 일이나 습관적인 경우에는 '没有'를 사용하지 않고, '不'를 사용한다.

> • 以前这个地方不下雨。Yǐqián zhè ge dìfang bú xiàyǔ.
> 以前这个地方没下雨。(×) (이전에 이곳에서는 비가 내리지 않았다.)
> • 他年轻的时候不吸烟。Tā niánqīng de shíhou bù xīyān.
> 他年轻的时候没吸烟。(×) (그는 젊었을 때는 담배를 피우지 않았다.)

형용사의 상태 변화를 부정할 때는 '没(有)'를 사용하고 '不'를 사용하지 않는다.

> • 衣服还没干。Yīfu hái méi gān. (옷이 아직 안 말랐다.)
> • 天气还没暖和。Tiānqì hái méi nuǎnhuo. (날씨가 아직 따뜻하지 않다.)

표제 작문에서는 객관적으로 '어제' 일이 일어나지 않았음을 표현하고자 했으므로 '没(有)'를 사용해야 한다. "나는 오늘 영화를 보러 가지 않는다", "나는 영화를 보러 안 간다", "나는 영화를 보러 가지 않기로 했다"의 중국어 표현은 "今天我不去看电影了。Jīntiān wǒ bú qù kàn diànyǐng le."이다.

|모범작문|　我昨天没(有)去看电影。
Wǒ zuótiān méi(yǒu) qù kàn diànyǐng.

|보충설명| "我昨天没去看电影"의 번역문은 언어환경에 따라 '안 봤다'로 번역할 수도 있고, '못 봤다'로 번역할 수도 있다. 사역의 의미를 가진 겸어문에서 부정사 '不'와 '没有'는 일반적으로 사역동사('使', '让', '叫') 앞에 두어야 한다.

- 他不让我进去。 Tā bú ràng wǒ jìnqu. (그는 나를 못 들어가게 했다.)
  他让我不进去。(×)

한국인 학습자가 부정사를 사역동사 뒤에 있는 두 번째 동사 바로 앞에 두는 오류를 범하는 것은 한국어의 영향 때문이다. 번역문 "그는 나를 못 들어가게 했다"에서 부정사 '못'은 동사 '들어가다' 바로 앞에 위치한다.

EXERCISE

1 다음 문장을 중국어로 작문하시오.

1) 유감스럽게도 그 친구 아들은 대학시험에 떨어졌어.
   [합격하지 못했다. / '太遗憾了'는 문장 뒤 부분에 위치]

   ➜

2) 나는 기말시험을 잘 못 쳐서 마음이 괴롭다. [考好, 难过]

   ➜

3) 어제 저녁에 열이 나서 밤새도록 잠을 못 잤다. [一夜, 睡好]

   ➜

4) 요즘은 그다지 춥지 않지요? [吧]

   ➜

5) 그런 곳에 가지 마세요.

   ➡

6) 나는 아직 북경에 가보지 못했습니다. [过]

   ➡

7) 그는 아직 숙제를 다 못 끝냈다. [做作业]

   ➡

8) 그는 어제 옷을 다 못 빨았다. [洗衣服]

   ➡

9) 선생님은 내가 중국어웅변대회에 못 나가도록 했다.
   [让, 汉语演讲比赛]

   ➡

② 틀린 곳을 바르게 고치시오.

1) 现在他在军队服兵役, 我不知道他的性格变不变。

2) 明天不去见他, 那个人对你不合适, 以后我给你介绍一个好的。

3) 他前天不来上课, 因为他病了。

4) 你今天几点回家? —— 我今天没回家, 想在学校学习。

5) 他还没都完了作业。

6) 他不买得起这么贵的衣服。

7) 他让我没进去。

8) 我让他不买衣服。

9) 我不看过中国电影。

16 나는 진지하게 생각해 보지 않았다

부정사와 양태부사어의 위치

|작문하기| 认真地 rènzhēnde   考虑 kǎolǜ

➜

|틀린 문장| 我认真地没有考虑。
Wǒ rènzhēnde méiyǒu kǎolǜ.

|왜 그럴까| 한국어에서 양태부사어는 부정사 앞에 온다.

- 그는 자세하게 말하지 않았다.
- 큰소리로 말하지 마세요.

그러나 중국어에서 양태부사어는 부정사 뒤에 온다. 위 두 문장의 번역문은
다음과 같다.

- 他没详细地说。Tā méi xiángxì de shuō.
- 别大声说话。Bié dàshēng shuō huà

|모범작문| 我没有认真地考虑。
Wǒ méiyǒu rènzhēnde kǎolǜ.

1 다음 문장을 중국어로 작문하시오.

1) 그들도 나에게 자세하게 알려주지 않아 하는 수 없이 돌아왔다.
[仔细, 告诉, 只好]

➡

2) 나도 그녀에게 용기 있게 말을 붙이지는 못했다.
[大胆地, 跟, 说上话]

➡

3) 저한테 그렇게 큰소리로 외치지 마세요. [大声, 喊叫]

➡

2 틀린 곳을 바르게 고치시오.

1) 他很认真地没读书。

2) 他好好不吃饭。

3) 因为金哲努力地不工作，所以他被老板辞退了。

4) 他热情地没接待我，我很生气。

17 나는 남자의 용기에 대해 이야기하고자 한다

담화동사

|작문하기| 男子的勇气 nánzǐdeyǒngqì

➡

|틀린 문장| 我要讲讲对男子的勇气。
Wǒ yào jiǎngjiǎng duì nánzǐ de yǒngqì.

|왜 그럴까| 한국어에서 담화동사(谈, 说, 讲, 讨论, 谈论)와 관련된 명사성 목적어 뒤에는 일반적으로 '~에 대하여'가 붙으나 중국어의 '对＋명사어'는 담화동사의 뒤에 놓여 목적어가 될 수 없다. 또한 대부분 동사 앞에 놓여 부사어가 될 수도 없다. 개사의 도움 없이 직접 목적어가 담화동사 뒤에 오는 것만이 가능하다.

> • 下面说说我的初恋。 Xiàmiàn shuōshuo wǒ de chūliàn.
>
> • 下面对我的初恋说说。（×） • 下面说说对我的初恋。（×）
> (다음에는 제 첫사랑에 대해서 이야기하겠습니다.)
>
> • 明天下午再讨论讨论费用问题。
> Míngtiān xiàwǔ zài tǎolùn tǎolùn fèiyòng wèntí.
> (내일 오후에 다시 경비문제에 대해 이야기 합시다.)

때로는 말하는 내용을 강조하기 위해 '关于'나 '对(于)'로써 담화동사와 관련된 내용의 목적어를 문두나 동사 앞으로 옮길 수 있다. 이 경우 담화동사 뒤에는 또 다른 목적어(看法, 想法, 意见, 观点, 什么)가 있다.

> • 关于活动经费，我想谈谈我的一点看法。
> Guānyú huódòng jīngfèi, wǒ xiǎng tántan wǒ de yìdiǎn kànfǎ.
> (행사비에 관한 저의 견해를 말씀드리겠습니다.)
>
> • 我对这个问题不想再说什么了。
> Wǒ duì zhè ge wèntí bù xiǎng zài shuō shénme le.
> (나는 이 문제에 대해 더 이상 뭐라고 말하고 싶지 않다.)

|모범작문| **我要讲讲男子的勇气。**
Wǒ yào jiǎngjiang nánzǐ de yǒngqì.

EXERCISE

① 다음 문장을 중국어로 작문하시오.

1) 우리는 서로의 학교생활에 대해 이야기했다.

➡

2) 그는 우리들에게 현재 회사의 운영상황에 대해 설명했다.
[向, 运营情况]

➡

3) 오늘 이후의 계획을 말씀해 보세요. [请, 今后, 打算]

➡

4) 그는 자신이 중국에 갔을 때 겪은 일을 우리에게 이야기했다.
[和~讲, 자신:自己(×)→他, 所, 经历, 事情]

➡

5) 최근에 국제문제에 관한 자료를 일부 보았다.
[一些, 材料, 동사 '看' 뒤에는 '关于+명사'가 올 수 있다.]

➡

6) 운송문제에 관해 나는 몇 마디 더 하고자 한다.
[运输问题, 담화동사 '说' 뒤에 '几句'를 첨가]

➡

② 틀린 곳을 바르게 고치시오.

1) 我想对我一次乘车的经历谈一谈。

2) 我想对前年的寒假生活谈一谈。

3) 我要讲对我的国家交通问题。

4) 他和我们讲了对国内的情况。

18 그 여자는 아름다운 데다 키도 크다

'还有', '还+有'

|작문하기|

➡

|틀린 문장| 她很漂亮, 还有个子也很高。
Tā hěn piàoliang, háiyǒu gèzi yě hěn gāo.

|왜 그럴까| 한국어에서 병렬관계 복합문과 가일층관계 복합문에서는 '또한/게다가' 를 사용한다. 이러한 영향으로 학습자는 '还有' 를 병렬관계 복합문이나 가일층관계 복합문의 관련어로 사용하는 오류를 자주 범한다.

중국어의 병렬관계 복합문에서는 절과 절을 관련어를 사용하여 연결하기도 한다. '既 ~ 也', '也 ~ 也' 등과 같이 짝을 이룬 관련어를 사용하기도 하고 '也', '又', '还', '同时', '另外' 등과 같이 단일 관련어를 사용하기도 한다. 단일 관련어는 일반적으로 뒤 절에 사용한다.

> • 他既会说韩国语, 又会说英语。
> Tā jì huì shuō Hánguóyǔ, yòu huì shuō Yīngyǔ.
> (그는 한국어도 할 수 있고 영어도 할 수 있다.)
> • 他会说韩国语, 还会说英语。Tā huì shuō Hánguóyǔ, hái huì shuō Yīngyǔ.
> (그는 한국어도 할 수 있고 영어도 할 수 있다.)

가일층관계를 나타내는 복합문에서 짝을 이루는 관련어로는 '不但 ~ 而且', '不仅~还' 등이 있고 뒤 절에 사용하는 관련어로는 '而且', '并且', '还', '甚至' 등이 있다.

> • 他不仅能说英语, 还说得很流利。
> Tā bùjǐn néng shuō Yīngyǔ, hái shuō de hěn liúlì.
> (그는 영어를 할 수 있는 데다 유창하기까지 하다.)

> • 他能说英语，还说得很流利。
>
> Tā néng shuō Yīngyǔ, hái shuō de hěn liúlì.
>
> (그는 영어를 할 수 있는 데다 유창하기까지 하다.)

'还'는 병렬관계 복합문에도 사용할 수 있고 가일층관계 복합문에도 사용할 수 있다. 하지만 '还有'는 하나의 단어도 아니요 관련어는 더더욱 아니다. 문장에 사용되는 '还有'는 부사 '还'와 동사 '有'의 결합으로 만들어진 것이다.

> • 他有很多书，还有很多笔记本。
>
> Tā yǒu hěn duō shū, hái yǒu hěn duō bǐjìběn.
>
> (그는 책이 많은 데다 노트까지도 많다.)

이것은 병렬관계를 나타내는 복합문으로, 관련작용을 일으키는 것은 부사 '还'이지 '还有'가 아니다.

표제 작문에서 두 절의 관계는 병렬관계일 수도 있고 가일층 관계일 수도 있다. 병렬 관계든 가일층관계든 다 '也'로써 나타낼 수 있다. 하지만 '还有'는 사용할 수 없다.

|모범작문| 她很漂亮，个子也很高。(병렬 관계)

Tā hěn piàoliang, gèzi yě hěn gāo.

她很漂亮，而且个子也很高。(가일층 관계)

Tā hěn piàoliang, érqiě gèzi yě hěn gāo.

*E*XERCISE

1 다음 문장을 중국어로 작문하시오.

1) 그녀는 사람이 총명한데다 성격까지 좋다. [대명사+人, 也]

　➡

2) 그는 미국도 가보고 영국도 가 보았는데, 중국만 못 가 보았다.
　　[过, 还, 就是]

　➡

3) 그는 붓글씨를 잘 써. 市 서법학회 회원인 걸로 알고 있어.
　　[他的毛笔字, 听说, 뒤 절에 '他'를 다시 사용, 还+是, 市书法学会]

　➡

2 틀린 곳을 바르게 고치시오.

1) 公共汽车最便宜, 还有到哪儿都能去。

2) 他是韩国人, 还有他学了两年汉语, 还有他也学英语。

3) 我的国家道路很少, 还有窄。

4) 他汉语说得很好, 还有会说韩国话。

19 당신은 마오타이 술을 마셔 본 적 있습니까?

'有'의 오용

|작문하기| 茅台酒 máotáijiǔ

|틀린 문장| 你有喝过茅台酒吗?
Nǐ yǒu hēguo máotáijiǔ ma?

|왜 그럴까| "그는 친구가 많이 있다."의 중작은 "他有很多朋友。"이다. 여기서 '有'는 소유를 나타낸다. 그런데 표제 문제에서 '~한 적이 있다(过)'는 과거에 경험한 일을 표현할 때 사용하는 말로 '소유'와는 전혀 관계 없는데도 학습자는 '有'를 첨가하는 오류를 자주 범한다.

|모범작문| 你喝过茅台酒吗?
Nǐ hēguo máotáijiǔ ma?

① 다음 문장을 중국어로 작문하시오.

1) 그는 고등학교 때 중국에 갔었다. [高中时]

➡

2) 나는 공장을 견학한 적이 있다.

➡

3) 나는 진작부터 중국에 관심이 있었다. [早就]

➡

4) 나도 그 책을 본 적이 있는 것 같다. [好象]

➡

② 틀린 곳을 바르게 고치시오.

1) 去年我有去过中国。

2) 你有了解过那里的情况吗?

3) 他有说过这样的话吗?

4) 我去年有过一次住院。

20 그는 미국에서 십여 년 간 살았다

장소보어와 시간보어

|작문하기|

 →

|틀린 문장| 他住了在美国十多年。

Tā zhù le zài Měiguó shí duō nián.

|왜 그럴까| 초급 과정에서 수없이 접하는 표현 중 하나가 바로 '住在北京'과 '住一年'이다. 여기서 '在北京'은 장소보어이고 '一年'은 시간보어로 모두 동사 뒤에 올 수 있다. 그런데 표제 작문에서는 '在美国十多年'이 동사 뒤에 왔는데 왜 틀린 작문이 되었을까? 그것은 장소보어와 시간보어가 다 함께 동사 뒤에 올 수 없기 때문이다. 앞에 놓인 장소보어를 동사 앞으로 옮겨 "在美国住了十多年"으로 고쳐야 한다. 이때 '在美国'는 뒤의 동사 '住'를 수식하는 부사어가 된다. 비슷한 예를 한번 살펴보자.

> • 在韩国生活了两个月。
> Zài Hánguó shēnghuó le liǎng ge yuè. (한국에서 2개월 살았다.)
>
> • 在广州呆了三天。
> Zài Guǎngzhōu dāi le sān tiān. (광주에서 3일간 머물렀다.)

|모범작문| 他在美国住了十多年。

Tā zài Měiguó zhù le shí duō nián.

1 다음 문장을 중국어로 작문하시오.

1) 나는 중국에 머문 지 3년이나 되었다.

  [지금도 머물고 있을 경우 두 개의 "了"를 사용.]

  ➡

2) 나는 1967년에 대만에서 태어났다. [生于, 台湾]

  ➡

3) 그는 한국에서 일한 지가 3년하고도 5개월이나 되었다.

  ➡

4) 너는 미국에서 몇 년째 살고 있니?

  ➡

2 틀린 곳을 바르게 고치시오.

1) 这个公司成立了在釜山半年了。

2) 我出生在广州农历1976年6月27号。

3) 以前他住了在台湾二年。

4) 他一共生活了在中国两个月。

21 나는 나중에 반드시 중국에 유학갈 것이다

'后来', '以后'

|작문하기| 一定 yídìng   留学 liúxué

|틀린 문장| 后来我一定要去中国留学。
Hòulái wǒ yídìng yào qù Zhōngguó liúxué.

|왜 그럴까| '后来'와 '以后'는 한국어에서 모두 '후에', '나중에' 등으로 번역된다. 두 단어는 동일한 의미를 가지고 있으나 용법은 구분된다. '后来'는 과거의 일을 가리키는 데만 사용하지만 '以后'는 과거와 미래에 모두 사용할 수 있다. 따라서 과거의 어느 시간 이후의 시간을 가리킬 경우 이 둘은 서로 바꾸어 사용할 수 있다.

> • 그는 작년 3월에 편지를 보낸 후로 더 이상 편지를 보내지 않았다.
>
> a. 他去年三月来过一封信，后来再也没有来过信。
>   Tā qùnián sān yuè láiguo yì fēng xìn, hòulái zài yě méiyǒu láiguo xìn.
>
> b. 他去年三月来过一封信，以后再也没有来过信。
>   Tā qùnián sān yuè láiguo yì fēng xìn, yǐhòu zài yě méiyǒu láiguo xìn.
>
> -
>
> • 그는 10년 전에 상해에 한번 가 본 후로는 가보지 못했다.
>
> a. 他在十年前去过一次上海，后来再没去过。
>   Tā zài shí nián qián qùguo yí cì Shànghǎi, hòulái zài méi qùguo.
>
> b. 他在十年前去过一次上海，以后再没去过。
>   Tā zài shí nián qián qùguo yí cì Shànghǎi, yǐhòu zài méi qùguo.

그러나 현재시간(발화 시간) 이후의 미래 시간을 가리킬 경우에는 '以后'만 사용할 수 있고 '后来'는 사용할 수 없다.

> • 앞으로는 제발 몸을 좀 돌보거라.
>
> 以后你可千万要注意身体。Yǐhòu nǐ kě qiānwàn yào zhùyì shēntǐ.
> 后来你可千万要注意身体。(×)

> • 앞으로 이 문제를 더 연구해야 한다.
>
> 以后，我们还要研究这个问题。Yǐhòu, wǒmen hái yào yánjiū zhè ge wèntí.
>
> 后来，我们还要研究这个问题。(×)

|모범작문| 以后我一定要去中国留学。

Yǐhòu wǒ yídìng yào qù Zhōngguó liúxué.

EXERCISE

① 다음 문장을 중국어로 작문하시오.

1) 나중에 다시 오겠습니다.

➡

2) 식사 후 우리들은 노래방에 갔었다. [就, 练歌房]

➡

3) 너는 다음부터는 그런 곳에 가지 마라. [那种地方]

➡

4) 그가 대학을 졸업하고 중국에 간 그 이후로 우리들은 더 이상 만나지 못했다.

➡

5) 이 일은 내가 나중에 다시 너에게 말해줄게.

➡

② 틀린 곳을 바르게 고치시오.

1) 后来我一定去中国留学。

2) 他毕业后来就找到了工作。

3) 后来别给我写信了。

4) 我从今后来一定要努力学习汉语。

22 나는 시내에서 영화를 보았다

조사 '的'

|작문하기| 市内 shìnèi

➡

|틀린 문장| 我在市内看电影。
Wǒ zài shìnèi kàn diànyǐng.

|왜 그럴까| 조사 '的'는 '동사+목적어' 구조의 가운데에 위치하여 동작이 일어난 시간이 과거임을 나타냄과 동시에 동작주나 시간, 장소, 방식 등을 강조한다.

① 老王发的言，我没发言。 Lǎo Wáng fā de yán, wǒ méi fāyán.
（왕군이 발언했고 나는 발언하지 않았다. / 동작주 '老王'을 강조）

② 我昨天进的城。 Wǒ zuótiān jìn de chéng.
（나는 어제 시내에 갔다. / 시간 '昨天'을 강조）

③ 你当时在哪儿念的小学? Nǐ dāngshí zài nǎr niàn de xiǎoxué?
（너는 그때 어디에서 초등학교를 다녔었니? / 장소 '在哪儿'을 강조）

④ 他用手机打的国际电话。 Tā yòng shǒujī dǎ de guójì diànhuà.
（그는 핸드폰으로 국제전화를 했다. / 방식 '用手机'를 강조）

때로는 문장에서 '的'을 없애도 구조는 성립되며 의미 또한 큰 변화가 없다. 다만 강조의 의미가 약화될 뿐이다(예 ①, ③, ④). 그러나 어떤 문장의 경우 '的'가 없으면 문장은 그 독립성을 잃어버리기 때문에 (我昨天进城……。 나는 어제 시내에 가서 ……) 반드시 뒤를 잇는 다른 문장이 있어야 한다(예 ②와 비교). 일부 문장에서는 '的'가 없으면 일이 아직 일어나지 않았음을 나타내고 '的'가 있으면 일이 이전에 벌써 일어났음을 나타낸다.

⑤ **谁去买电影票?—小王去(买电影票)。**
Shéi qù mǎi diànyǐngpiào? - Xiǎo Wáng qù (mǎi diànyǐngpiào.)
(未买 / 누가 표를 사러 갈거니? — 왕군이 간다.)

⑥ **谁去买的电影票?—小王去买的(电影票)。**
Shéi qù mǎi de diànyǐngpiào? - Xiǎo Wáng qù mǎi de (diànyǐngpiào).
(已买 / 누가 가서 표를 샀니? — 왕군이 샀어.)

⑦ **你跟谁借钱?—我跟父母借。** Nǐ gēn shéi jiè qián? - Wǒ gēn fùmǔ jiè.
(未借 / 너는 누구한테 돈을 빌릴거니? — 부모님한테 빌릴거야.)

⑧ **你跟谁借的钱?—我跟父母借的钱。**
Nǐ gēn shéi jiè de qián? - Wǒ gēn fùmǔ jiè de qián.
(已借 / 너는 누구한테 돈을 빌렸니? — 부모님한테 빌렸어.)

비교를 통해 알 수 있듯이 예 ⑥, ⑧에서 '的'는 반드시 있어야 한다. 또한 대답문에서 목적어는 생략할 수 있으나 '的'는 절대로 생략할 수 없다.

표제 작문에서는 조사 '的'가 없음으로 인해 문장으로서의 독립성을 잃어버렸다. 즉 "나는 시내에서 영화를 보고……"가 되어 채 문장이 끝나지 않은 느낌을 준다. 화자가 전달하고자 한 것은 과거에 있었던 일이 분명하므로 동사와 목적어 사이에 '的'를 첨가하여야만 문장이 성립한다.

|모범작문| **我在市内看的电影。**
Wǒ zài shìnèi kàn de diànyǐng.

1 다음 문장을 중국어로 작문하시오.

1) 누가 너에게 이 일을 말해 주었니? ['说' 와 '告诉' 의 차이]

➡

2) 코트를 어디에서 샀니? ["어디서 산 코트니?"와의 차이]

➡

3) 나와 최군이 가서 돈을 빌렸어. ["나와 최군이 가서 빌린 돈이야"와의 차이]

➡

4) 누가 문을 열었니?

➡

2 틀린 곳을 바르게 고치시오.

1) (你在那儿买的这件衣服?) —— 我在市场买这件衣服。

2) 昨天谁借你钱? —— (小赵借我的钱。)

3) 他昨天在外边吃饭。

4) 你昨天在哪个电影院看的电影? —— 我在光明电影院看电影。

23 그는 나보다 키가 크지 않다

비교문의 부정

|작문하기|

 ➜

|틀린 문장| 他比我不高。
Tā bǐ wǒ bù gāo.

|왜 그럴까| 한국어 비교문에서 부정사는 '보다(-에 비해)' 뒤에 위치한다.

- 대구는 우리가 있는 곳보다 안 춥다/춥지 않다.
  大邱不比我们那儿冷。Dàqiū bù bǐ wǒmen nàr lěng.

- 내 것은 네 것보다 안 좋다/좋지 않다.
  我的不比你的好。Wǒ de bù bǐ nǐ de hǎo.

그러나 중국어 비교문에서 부정사는 위 예에서와 같이 '比' 자 구조 앞에 위치한다.
부정사를 사용한 또 다른 형식의 비교문을 보자.

> - 나는 그 사람보다 돈이 많지 않다.
>   我不像他那样有钱。Wǒ bú xiàng tā nàyàng yǒu qián.
>   我的钱不如他多。Wǒ de qián bùrú tā duō.
>   我的钱比他少。Wǒ de qián bǐ tā shǎo.
>   我的钱比他不多。(×)

작문 문제를 "그는 나보다 키가 크지 않다"로 낸 것은 학습자가 중국어 비교문에서
부정사의 위치를 제대로 알고 있는지를 확인해보기 위해서이다. 학습자의 오류를
유도해 내는 방식이다. 보다 자연스러운 한국어 표현은 "그는 나보다 키가 작다"
이지만, 이 문제를 제시했을 경우에는 '比' 자문의 오류— '않다' 에 대응하는 '不'

를 '比' 자 구조 앞에 두는지 뒤에 두는지—를 확인하기 어렵다.

표제 작문에서 '不' 는 '比' 자 앞에 두거나 다른 비교문 형식이나 긍정 형식으로 바꾸거나 해야 한다.

|모범작문| 他不比我高。Tā bù bǐ wǒ gāo.

他没有我高。Tā méiyǒu wǒ gāo.

他比我矮。Tā bǐ wǒ ǎi.

1 다음 문장을 중국어로 작문하시오.

1) 내 발음은 그녀보다 못하다. [不如 ~ 好]

➡

2) 내 책은 그보다 많지 않다.

➡

3) 대학생활도 다른 생활보다 수월하지는 않다. [大学生活, 轻松]

➡

4) 오늘은 사람들이 어제보다 많이 오지는 않았다.
   ["오늘 온 사람들은 어제보다 많지는 않다"의 구조에 맞추어 작문, 今天来的人]

➡

2 틀린 곳을 바르게 고치시오.

1) 这个比那个不便宜。

2) 我的汉语水平比他不好。

3) 十年前比现在不太那么严重了。

4) 我的书比他不多。

24 식사했습니까? ─ 했습니다

대답문에서 시간성분의 생략

|작문하기|

|틀린 문장| 你吃饭了吗? ── 吃饭。
Nǐ chī fàn le ma? ── Chī fàn.

|왜 그럴까| 문말의 어기사 '的', '了' 는 특정한 어기를 나타내는 것 외에도 동작이 이미 일어
났거나 완성되었음을 나타내기도 한다.

> • A. 他什么时候走? Tā shénme shíhou zǒu? (그는 언제 떠나니?)
>   B. 他什么时候走的? Tā shénme shíhou zǒu de? (그는 언제 떠났니?)
>
> -
>
> • A. 你去哪里? Nǐ qù nǎ li? (너는 어디 가니?)
>   B. 你去哪里了? Nǐ qù nǎ li le? (너는 어디 갔었니?)

위 예에서 A는 사건이 아직 발생하지 않았음을 나타내고 B는 사건이 이미 발생했음
을 나타낸다. B의 '的', '了' 는 생략할 수 없다. 마찬가지로 '的', '了' 가 있는 의문
문에 구체적으로 대답할 경우에도 술어동사가 있으면 '的', '了' 를 사용하여야 한다.

> • 他什么时候走的? Tā shénme shíhou zǒu de? (그는 언제 떠났니?)
>   대답 上星期一。Shàng xīngqīyī. (지난 주 월요일.)
>   他上星期一走的。Tā shàng xīngqīyī zǒu de? (그는 지난 주 월요일 떠났어.)
>   他上星期一走。(×)
>
> -
>
> • 你去哪里了? Nǐ qù nǎ li le? (어디 갔었니?)
>   대답 图书馆。Túshūguǎn. (도서관에.)
>   我去图书馆了。Wǒ qù túshūguǎn le. (도서관에 갔었어.)
>   我去图书馆。(×)

|모범작문| 你吃饭了吗? —— 吃(饭)了。

Nǐ chī fàn le ma? —— Chī (fàn) le.

|보충설명| 의문문에서 시간 표시 기능을 하는 조사 '了', '的', '着', '过' 등이 대답문에서 동사와 함께 쓰일 경우 이들 조사는 생략할 수 없다.

- 你去了哪里? Nǐ qù le nǎ li? (어디에 갔었니?)

  대답 上海。Shànghǎi. / 去了上海。Qù le Shànghǎi.

  (상해에. / 상해에 갔었어.)

  去上海。(×)

- 墙上挂着什么? Qiángshang guàzhe shénme? (벽에 걸린 게 뭐니?)

  대답 世界地图。Shìjièdìtú. / 挂着世界地图。Guàzhe shìjièdìtú.

  (세계지도 / 세계지도가 걸려있어.)

  挂世界地图。(×)

- 他去过美国? Tā qùguo Měiguó? (그는 미국에 가본 적 있니?)

  대답 去过。Qùguo. / 他去过美国。Tā qùguo Měiguó.

  (가 봤어. / 그는 미국에 가 봤어.)

  去。/他去美国。(×)

- 你几点起的床? Nǐ jǐ diǎn qǐ de chuáng? (너는 몇 시에 일어났니?)

  대답 七点。Qī diǎn. / 我七点起的床。 Wǒ qī diǎn qǐ de chuáng.

  (7시에 / 나는 일곱시에 일어났어.)

  我七点起床。(×)

---

1 다음 문장을 중국어로 작문하시오.

    1) 너는 그를 만났니? — 만났어. [见面他(×)]

    ➡

    2) 그는 언제 왔니? — 어제 저녁에 왔어.

    ➡

    3) 그는 부산에 가 본 적이 있니? — 가 보았어. [釜山]

    ➡

    4) 너는 방금 어디에 갔었어? — 도서관에 갔었어. [刚才]

    ➡

    5) 너는 언제 복권을 샀니? — 지난주에 샀어. [彩票]

    ➡

2 틀린 곳을 바르게 고치시오.

    1) 你看见王老师了吗? — 看见。

    2) 他什么时候来的? — 他前天来。

    3) 你昨天去了吗? — 我昨天去。

    4) 你去过中国吗? — 我去中国。

    5) 你去了哪里? — 我去百货商店。

25 그는 방금 학교에서 돌아왔다

‘在’, ‘从’

|작문하기| 刚 gāng   回来 huílái

 ➡

|틀린 문장| 他刚在学校回来。
Tā gāng zài xuéxiào huílái.

|왜 그럴까| 개사 ‘在’와 ‘从’은 모두 장소나 방위를 나타내는 어구와 함께 개사구를 이룬다. ‘在’가 나타내는 장소 의미는 다음과 같다.

1 동작이 일어나거나 사물이 존재하는 장소를 가리킨다.

- 几只小鸟在树上叫着。Jǐ zhī xiǎoniǎo zài shùshang jiàozhe.
  (작은 새 몇 마리가 나무 위에서 지저귀고 있다.)

- 在休息室里, 大家谈得很高兴。Zài xiūxishì li, dàjiā tán de hěn gāoxìng.
  (모두들 휴게실에서 신나게 이야기하고 있다.)

2 ‘出生’, ‘发生’, ‘产生’, ‘居留’의 장소. ‘在~’는 동사 앞뒤에 모두 올 수 있다.

- 他出生在北京。Tā chūshēng zài Běijīng.
  他在北京出生。Tā zài Běijīng chūshēng.
  (그는 북경에서 태어났어.)

- 我住在汉城。Wǒ zhù zài Hànchéng.
  我在汉城住。Wǒ zài Hànchéng zhù.
  (나는 서울에 산다.)

3 동작이 미치는 장소를 가리킨다. ‘在~’는 동사 뒤에만 올 수 있다.

- 他的眼镜掉在地上了。Tā de yǎnjìng diàozài dìshang le.
  (그의 안경이 땅에 떨어졌다.)

- 行李寄存在你家。Xíngli jìcún zài nǐ jiā. (짐을 네 집에 맡겨둘게.)

'从~'이 나타내는 장소 의미는 다음과 같다.

1 장소나 출처를 가리킨다. 주로 동작의 출발점을 가리킨다.

- 我刚从中国回来。Wǒ gāng cóng Zhōngguó huílái.
  (그는 이제 막 중국에서 돌아왔다.)

- 他从书包里拿出了一本书。Tā cóng shūbāo li náchū le yì běn shū.
  (그는 책가방에서 책을 한 권 꺼내었다.)

2 거치는 노선이나 장소를 가리킨다.

- 他是从小路走来的。Tā shì cóng xiǎolù zǒu lái de.
  (그는 오솔길로 걸어 왔다.)

- 列车从隧道里穿过。Lièchē cóng suìdào li chuānguò.
  (열차가 터널을 지나간다.)

|모범작문| 他刚从学校回来。
Tā gāng cóng xuéxiào huílái.

|보충설명| 한국어 '-에서'에는 '在'가 나타내는 장소 의미와 '从'이 나타내는 장소 의미가 모두 포함된다. 그래서 학습자는 중국어 표현에서 '从'을 사용해야 할 곳에 '在'를 사용하는 오류를 자주 범한다.

*E*XERCISE

1 다음 문장을 중국어로 작문하시오.

1) 동굴에서 토끼가 한 마리 뛰어 나왔다. [洞, 跑出来]

➡

2) 북경에서 편지가 왔어. [一封]

➡

3) 집에서 학교까지는 걸어서 5분 거리다. [走五分钟]

➡

4) 그는 방금 학교에서 오는 길이다.

➡

2 틀린 곳을 바르게 고치시오.

1) 在家到学校要坐一个半小时的公共汽车。

2) 他在商店回来了。

3) 他在书包里抽出一本书给我。

4) 他在图书馆借来了两本小说。

26 그는 돈이 많다

'多', '少'

|작문하기|

→

|틀린 문장| 他有多钱。
Tā yǒu duō qián.

|왜 그럴까| 중국어에서 '多'는 단독으로 관형어로 쓰일 수 없고 반드시 다른 수식어를 첨가하여야 한다. '的'가 있어도 마찬가지다.

> • 그는 여러 곳을 가보았다.
> 我去过很多地方。Wǒ qùguo hěn duō dìfang.
> 我去过多地方。(×)
> 我去过多的地方。(×)
> -
> • 그는 중국 친구가 많다.
> 他有很多(的)中国朋友。Tā yǒu hěn duō (de) Zhōngguó péngyou.
> 他有多的中国朋友。(×)

|모범작문| 他有很多钱。
Tā yǒu hěn duō qián.

|보충설명| 기초가 부족한 학습자 중에는 "그는 돈이 많다"와 "그는 중국친구가 많다"를 "他钱很多"와 "他中国朋友很多"로 잘못 작문하기도 한다. 문제를 중국어 구조와 동일하게— '많은'이 명사를 수식하는 구조("그는 많은 돈이 있다"와 "그는 많은 중국친구가 있다") —낼 경우 이 같은 오류는 훨씬 줄어든다.

1 다음 문장을 중국어로 작문하시오.

1) 이번 여행에서 많은 사람들을 알게 되었다. [认识]

➡

2) 그는 많은 경험을 쌓았다. [积累]

➡

3) 도서관에는 외국어서적이 많다. [在图书馆(×), 外文书籍]

➡

4) 나한테 책이 많이 있는데 어느 걸 볼래? [我这儿]

➡

5) 이 책에는 이해하기 힘든 문장이 많다. [难懂, 句子]

➡

6) 일요일에는 상점에 사람이 많다.

➡

2 틀린 곳을 바르게 고치시오.

1) 上班时间路上有多车。

2) 上星期天有多朋友到他家来玩。

3) 我没有多话要说。

4) 他去过多的国家。

5) 他用少钱买了一辆自行车。

6) 我的钱包里只剩了少的钱。

7) 我来这儿的时间不长, 多事情都非常顺利。

8) 他很有名, 只有少人不认识他。

9) 他的病不重, 吃了少药就好了。

27 우리들은 본문 한 과를 다 끝냈다

결과 표시 动补句

|작문하기|

→

|틀린 문장| 我们完了一课课文。
Wǒmen wán le yí kè kèwén.

|왜 그럴까| "我已经吃饱了"에서 '吃饱'는 결과 표시의 동보구조이다. 앞의 동사는 중심어가 되고 뒤에 쓰인 보어는 동사를 설명·보충하는 작용을 한다. 보어는 동작·행위로 인한 결과를 나타내며 중심어와는 인과 관계이다. 바로 이 같은 이유로 결과 표시의 동보구조를 사용한 문장에서는 동사를 생략하여도 원래 문장의 의미와 일치한다. "我已经吃饱了"에서 '吃'를 생략하고 "我已经饱了"로 표현해도 의미가 같다. 하지만 결과 표시의 동보구조를 사용한 문장에서 모든 동사를 생략할 수 있는 것은 아니다. 대부분의 동사는 생략할 수 없다. 그것은 이 동사가 동보구조에서 중심어의 역할을 하기 때문이다. 생략 후 문장이 성립되지 않는 경우가 많다.

① **武松打死了老虎。** Wǔsōng dǎsǐ le lǎohǔ. (무송이가 호랑이를 때려잡았다.)

   武松死了老虎。(×)

그러면 동사를 생략하여도 의미 관계에 영향을 미치지 않는 문장으로는 어떤 것이 있을까? 그것은 보어가 의미상 가리키는 성분이 어떤 것인지를 보아야 한다. 일반적으로 문장에서 보어가 의미상 가리키는 것이 주어일 경우 동사는 생략 가능하며, 동사를 생략해도 문장의 주된 의미에 영향을 미치지 않는다.

② **我们打赢了球。** Wǒmen dǎyíng le qiú. — **我们赢了球。** Wǒmen yíng le qiú.
   (우리는 농구시합에서 이겼다.)

③ **他喝醉了。** Tā hēzuì le. — **他醉了。** Tā zuì le.
   (그는 취했다.)

④这个字写错了。Zhè ge zì xiěcuò le. — 这个字错了。Zhè ge zì cuò le.
(이 글자는 틀렸다.)

⑤饭做好了。Fàn zuòhǎo le. — 饭好了。Fàn hǎo le.
(밥이 다 되었다.)

위의 보어는 모두 주어를 가리킨다. 그래서 동사를 생략한 후에도 원문의 의미와 별 차이가 없다. ①에서는 보어가 주어를 가리키지 않고 목적어 '老虎'를 가리키고 있기 때문에 동사를 생략할 수 없다. 그럼 이번에는 보어 '完'를 사용한 예를 한번 보자.

⑥ 我们打完了球。Wǒmen dǎwán le qiú. (우리는 농구시합을 끝냈다.)
我们完了球。(×)

⑦ 他写完了作业。Tā xiěwán le zuòyè. (그는 숙제를 다 했다.)
他完了作业。(×)

이 두 문장에서 '完'은 주어 '我们'이나 '他'를 가리키는 것이 아니라 동사 '打'나 '写'의 동작 자체를 가리킨다. 그래서 동사는 절대로 생략할 수 없다.
"我们完了一课课文"에서도 동사를 생략할 수 없다. '学(读/写/背)' 등을 보어 앞에 첨가하여야 한다.

|모범작문| **我们学(读/写/背)完了一课课文。**
Wǒmen xué (dú/xiě/bèi) wán le yí kè kèwén.

|보충설명| 표제 작문을 "우리들은 본문 한 과를 다 배웠다"로 낼 경우 오류는 훨씬 줄어든다. 학습자들이 중국어 동보구조를 숙지하지 못한 데서 오류가 생겼을 수도 있지만 모국어 어휘 '끝내다'의 영향을 받아 생긴 오류로 볼 수도 있다. 즉, 주로 보어의 기능으로만 많이 사용되는 '完'을 목적어를 취할 수 있는 하나의 완전한 동사('完' = '~을 끝내다')로 본 것이다.

① 다음 문장을 중국어로 작문하시오.

1) 그는 그 소설책을 다 읽었다. [读]

➡

2) 그는 글자 세 개를 틀리게 썼다.

➡

3) 그는 요 며칠 시달려 야위었다. [被, 折腾, 瘦]

➡

4) 의사가 그를 구했다. [医生, '活' 를 보어로 사용]

➡

② 틀린 곳을 바르게 고치시오.

1) 信写以后就马上寄出去吧。

2) 天太黑了, 她离我又远, 我没看是谁。

3) 我终于来北京, 真高兴。

4) 他的记性很好, 每天学的单词他都能记。

③ 괄호 안에 적당한 결과보어를 넣으시오.

1) 在街上我遇 (　　) 一个老朋友。

2) 我丢的钥匙终于找 (　　) 了。

3) 别着急, 我吃 (　　) 饭马上就去。

4) 金哲, 你看 (　　) 我的字典了吗?

5) 他把地址告诉我了, 我的记性不好, 没有记 (　　),

找他的电话号码, 也没找 (　　)。

28 나는 어제 저녁에 일찍 잤다

상태보어

|작문하기|

|틀린 문장| 我昨天晚上早睡了。

Wǒ zuótiān wǎnshang zǎo shuì le.

|왜 그럴까| 중국어에서 '早', '晚', '多', '少' 등과 같은 단음절 형용사가 부사어가 되는 데는 제약이 따른다. 일반적으로 다음과 같은 상황에서만 부사어가 될 수 있다.

1 가벼운 명령문(祈使文)일 경우

- 早去早回！Zǎo qù zǎo huí! (빨리 갔다가 빨리 오너라!)
- 少带些东西！Shǎo dài xiē dōngxi! (물건을 조금만 챙겨!)

2 술어 뒤에 수량을 나타내는 보어나 목적어가 있을 경우

- 他晚来了一天。Tā wǎn lái le yì tiān. (그는 하루 늦게 왔다.)
- 他早到了几分钟。Tā zǎodào le jǐ fēnzhōng. (그는 몇 분 일찍 도착했다.)

3 병렬구조가 있을 경우

- 小李每天都早睡早起。XiǎoLǐ měitiān dōu zǎo shuì zǎo qǐ.
  (이군은 매일 일찍 자고 일찍 일어난다.)
- 他的习惯是少吃多睡。Tā de xíguàn shì shǎo chī duō shuì.
  (그는 적게 먹고 많이 자는 편이다.)

표제 작문에서 '早'는 위의 세 가지 조건 중 어느 것에도 부합하지 않으므로 부사어로 사용할 수가 없다. '早'를 동사 '睡' 뒤로 옮겨 상태보어('得'를 첨가하고 '了'를 삭제)가 되도록 해야 한다.

| 모범작문 | 我昨天晚上睡得(很)早。 Wǒ zuótiān wǎnshang shuì de (hěn) zǎo.

| 보충설명 | 구조조사 '得'를 가진 동사 뒤에 목적어를 두고자 할 때는 항상 동사를 반복 사용하여 '동사+목적어 + 동사+보어'의 구조로 만들어야 한다.

> ① 他唱歌唱得很好。 Tā chànggē chàng de hěn hǎo.
> (그는 노래를 잘 한다.)
>
> ② 他每天睡觉睡得很晚。 Tā měitiān shuìjiào shuì de hěn wǎn.
> (그는 매일 늦게 잔다.)
>
> ③ 他昨天晚上喝酒喝得太多了。 Tā zuótiān wǎnshang hējiǔ hē de tài duō le.
> (그는 어제 저녁에 술을 너무 많이 마셨다.)
>
> ④ 他说汉语说得好不好? Tā shuō Hànyǔ shuō de hǎo bù hǎo?
> (그는 중국어 잘 하니?)

때로는 예 ①, ④와 같이 첫번째 동사를 없애고 '的'를 첨가하기도 한다.

- 他的歌唱得很好。 Tā de gē chàng de hěn hǎo.
  (그는 노래를 잘 한다.)

- 他的汉语说得好不好? Tā de Hànyǔ shuō de hǎo bù hǎo?
  (그는 중국어가 어때?)

'的'는 사용하지 않을 수도 있다.

- 他歌唱得很好。 Tā gē chàng de hěn hǎo.

- 他汉语说得好不好? Tā Hànyǔ shuō de hǎo bù hǎo?

_E_XERCISE

1 다음 문장을 중국어로 작문하시오.

1) 그는 오늘은 어제보다 늦게 잤다. ['睡' 단음절 사용]

➡

2) 그는 중국어를 유창하게 말한다. [동사 '说' 를 한 번만 사용]

➡

3) 그는 요리를 잘 한다. [做菜]

➡

4) 그는 오늘 일찍 떠났다. ['去' 와 '走' 의 차이]

➡

2 틀린 곳을 바르게 고치시오.

1) 饭太少做了。

2) 我今天很晚起床了。

3) 这个菜太咸做了。

4) 这个太短地切了。

5) 他非常好地讲了。

6) 英姬非常好唱歌。

7) 你骑自行车得快不快?。

8) 下雨得很大, 你要慢点儿走。

9) 吃饭得太快不好, 应该慢点儿吃。

10) 开车得很慢, 因为路上人很多。

3 괄호 안에 적당한 상태보어를 넣으시오.

1) 他在英国留学了三年, 所以他的英语说得(   )。

2) 他是一个书法家, 他的字写得(   )。

3) 她的记忆力非常好, 十年前的事情他都记得(   )。

4) 我的嗓子都疼得(   )。

5) 她的房间总是收拾得(   )。

29 모르는 단어가 너무 많아 기억할 수가 없다

가능보어

|작문하기| 生词 shēngcí

|틀린 문장| 生词太多, 我不能记。
Shēngcí tài duō, wǒ bù néng jì.

|왜 그럴까| 표제 작문에서는 가능보어를 사용해야 할 곳에 능원동사 형식을 사용하였다. 한국어에서는 중국어의 보어 성분과 같은 것이 없고 가능을 나타내는 구조 '能+动词'에 대응하는 '할 수 있다/할 수 없다'의 표현 형식만 있기 때문에 이 같은 오류가 생긴 것이다. 가능보어는 동작의 주체자가 어떤 동작을 진행할 능력이 있다든지 어떤 결과에 도달할 능력이 있다든지 하는 것을 나타낸다. 가능보어에는 세 가지 유형이 있다.

■ A류

동사와 결과보어, 추향보어 사이에 '得/不'(경성)를 넣는다. 주관적 조건(능력이나 힘)이나 객관적 조건으로 인하여 어떤 동작(어떤 결과나 추향)을 실현할 수 있거나 없음을 나타낸다.

> • 这个东西我叫不出名字。Zhè ge dōngxi wǒ jiào bu chū míngzi.
> (이 물건을 뭐라 하는지 모르겠다. / 주관 능력)
>
> • 我只学了几个月汉语, 看不懂《人民日报》。
> Wǒ zhǐ xué le jǐ ge yuè Hànyǔ, kàn bu dǒng《Rénmín rìbào》.
> (나는 중국어를 몇 개월 밖에 배우지 않았기 때문에 《인민일보》를 볼 줄 모른다.
> / 주관 능력)
>
> • 讲课的声音特别小, 听不见。 Jiǎng kè de shēngyīn tèbié xiǎo, tīng bu jiàn.
> (강의하는 소리가 너무 적어 들리지 않는다. / 객관 조건)

- 这只箱子太小，放不下这些东西。
  Zhè zhī xiāngzi tài xiǎo, fàngbuxià zhè xiē dōngxi.
  (이 상자는 너무 작아서 이 물건들을 다 담을 수가 없다. / 객관 조건)

B류

'동사＋得/不＋了(liao)' 격식. 주로 '동사+不+了'의 격식이 많이 쓰이며 주관적 조건이나 객관적 조건의 제한으로 어떤 동작이나 변화가 실현될 수 없음을 나타낸다.

- 今天我有工作，去不了颐和园了。Jīntiān wǒ yǒu gōngzuò, qùbuliǎo Yíhéyuán le.
  (오늘 나는 일이 있어 이화원에 갈 수 없다.)
- 我太累了，做不了作业了。Wǒ tài lèi le, zuòbuliǎo zuòyè le.
  (나는 너무 피곤해서 숙제를 할 수 없다.)

C류

'동사/형용사＋得/不得' 격식. C류 보어는 주·객관적 조건으로 인한 어떤 동작의 실현 여부(B류 가능보어와 같으나 B류보다는 덜 쓰인다)를 나타내거나 '이치상' 동의 여부를 나타낸다. 대부분 부정 형식에 쓰인다.

- 这事儿很急，耽搁不得。Zhè shìr hěn jí, dānge bu de.
  (이 일은 급하기 때문에 미뤄서는 안 된다.)
- 这东西不干净，吃不得。Zhè dōngxi bù gānjìng, chī bu de.
  (이것은 더러우니 먹어서는 안 된다.)

가능보어의 대부분은 '能＋동사/형용사'와 대응구조를 이룬다.

写得完 ： 能写完	写不完 ： 不能写完
走得开 ： 能走开	走不开 ： 不能走开
上得了 ： 能上	上不了 ： 不能上
吃得 ： 能吃	吃不得 ： 不能吃

하지만 가능보어의 구조와 '能+동사/형용사'의 구조가 나타내는 의미와 사용 범위가 완전히 일치하지는 않는다. 예를 들면, '이치상'의 허락 여부를 나타낼 때는 '不能'만 사용할 수 있고 A, B류의 가능보어는 사용할 수 없다.

- 外面很冷，你又在发烧，不能出去。
  Wàimiàn hěn lěng, nǐ yòu zài fāshāo, bù néng chūqù.

  外面很冷，你又在发烧，出不去。(×) (바깥은 춥고 열도 나니, 나가지 마라.)

- 这是考试题，不能告诉你！ Zhè shì kǎoshìtí, bù néng gāosu nǐ!

  这是考试题，告诉不了你！(×)

  (이것은 시험문제라서 너에게 알려줄 수가 없어.)

가능보어의 긍정 형식은 '能'의 긍정 형식이 나타내는 의미와 동일하다.

- 你能看见这个字吗? Nǐ néng kànjiàn zhè ge zì ma? (이 글자가 보입니까?)
- 这个字你看得见吗? Zhè ge zì nǐ kàndejiàn ma? (이 글자가 보입니까?)

그러나 언어 사용 환경은 다르다. 일반적인 서술문의 긍정형식에는 '能'자 구조를 자주 쓰고 가능보어 형식은 쓰지 않는다. 가능보어는 실제 언어 운용에서 주로 부정 형식에 쓴다. 예를 들면,

- 这本书在书店能买到吗? Zhè běn shū zài shūdiàn néng mǎidào ma?
  (이 책은 서점에서 살 수 있습니까?)

  비교 这本书在书店买得到吗? Zhè běn shū zài shūdiàn mǎi de dào ma?

그러나 다음과 같은 상황에서는 가능보어의 긍정 형식과 '能'자 구조의 긍정 형식을 모두 쓸 수 있으며 전달하는 의미도 비슷하다.

• 의문문과 질문에 답할 때

他的话你们听得懂吗? — 听得懂。

Tā de huà nǐmen tīng de dǒng ma? — Tīng de dǒng.

(그가 하는 말을 너희들 알아들을 수 있겠니? — 알아들을 수 있어요.)

비교 他的话你们能听懂吗? — 能听懂。

Tā de huà nǐmen néng tīngdǒng ma? — Néng tīngdǒng.

• 결과를 '확신할 수 없음'을 나타낼때

我去商店看看, 你要的东西也许买得到。

Wǒ qù shāngdiàn kànkan, nǐ yào de dōngxi yěxǔ néng mǎidedào.

(내가 상점에 가 볼게. 네가 원하는 물건을 어쩌면 살 수 있을지도 몰라.)

비교 我去商店看看, 你要的东西也许能买到。

Wǒ qù shāngdiàn kànkan, nǐ yào de dōngxi yěxǔ néng mǎidào.

• 완곡하게 부정을 나타낼 때

这种书不是钱买得到的。Zhè zhǒng shū bú shì qián mǎi de dào de.

(= 钱买不到。Qián mǎibudào / 이런 책은 돈으로 살 수 있는 게 아니야.)

비교 这种书不是钱能买到的。Zhè zhǒng shū bú shì qián néng mǎi dào de.

• 문장에 의문대명사가 있을 때

这个人什么坏事都做得出来! Zhè ge rén shénme huàishì dōu zuò de chūlái.

没有什么坏事他做不出来。 Méiyǒu shénme huàishì tā zuò bu chūlái. /

(이 사람은 무슨 나쁜 일을 저지를지 몰라.)

비교 这个人什么坏事都能做出来!

Zhè ge rén shénme huàishì dōu néng zuòchūlái.

|모범작문| 生词太多, 我记不住。Shēngcí tài duō, wǒ jì bu zhù.

1 다음 문장을 중국어로 작문하시오.

1) 아침 다섯 시에 출발하면 나는 못 일어난다.
  [시간이 이름을 나타내는 '就', 起不来]

  ➡

2) 밥이 너무 많아 다 먹을 수가 없다.

  ➡

3) 숙제가 많아 한나절이 걸려도 다 하지 못한다.
  [숙제를 내다 = 留作业, 半天也]

  ➡

4) 이 옷은 너무 비싸서 나는 살 수가 없다.
  ['(비싸서) 살 수 없다' 의 표현]

  ➡

2 틀린 곳을 바르게 고치시오.

1) 这本书太厚, 我两天不能看。

2) 从这儿不能看大邱。

3) 酒太多了, 我不能喝完。

4) 我的中文水平不高, 中文报还不能看懂。

3 괄호 안에 적당한 가능보어를 넣으시오.

1) 我是哪国人, 你猜得(   )吗?

2) 这个箱子真重, 我一个人搬(   )。

3) 听说这种词典卖得很快, 明天去还买得(   )吗?

4) 车上人太多了, 下边的人挤(   )。

5) 这本书太大, 书包太小, 放(   )。

6) 黑板上的字写得太小了, 后边的人都说看(   )。

30 어머니는 일요일에도 공장에 일하러 가신다

'连 ~ 都/也'

|작문하기| 工厂 gōngchǎng   干活 gànhuó

 →

|틀린 문장| 妈妈连星期天去工厂干活。
Māma lián xīngqītiān qù gōngchǎng gànhuó.

|왜 그럴까| '连 ~ 都/也'(~조차도, ~도)의 고정 격식

连+명사성 어구

이 명사성 어구는 주어일 수도 있고 전치된 목적어나 다른 성분일 수도 있다.

- 他连饭也没吃就走了。Tā lián fàn yě méi chī jiù zǒu le.
  (그는 밥도 못 먹고 갔다.)

- 你怎么连他也不认识? Nǐ zěnme lián tā yě bú rènshi?
  (너는 어째서 그 친구조차 모르니?)

连+동사성 어구

술어는 부정식에 국한된다. (때로는 앞뒤로 동일한 동사가 올 수도 있다.)

- 他连下象棋都不会。Tā lián xià xiàngqí dōu bú huì.
  (그는 장기조차 둘 줄 모른다.)

- 我连看电影也没兴趣。Wǒ lián kàn diànyǐng yě méi xìngqù.
  (나는 영화 보는 것에도 관심이 없다.)

连+절

절은 의문대명사나 부정부사로 구성된다.

- 连他住在哪儿我也没顾得上问。
  Lián tā zhù zài nǎr wǒ yě méi gùdeshàng wèn.
  (그가 어디에 사는지조차 물어볼 여유가 없었다.)

- 连这篇文章改动了哪几个字他都记得清清楚楚。

  Lián zhè piān wénzhāng gǎidòng le nǎ jǐ ge zì tā dōu jìde qīngqīngchǔchǔ.

  (이 글에서는 어디의 무슨 글자를 고쳤는지조차 그는 자세히 다 기억하고 있다.)

连 + 数量

수사는 '一'에 국한되고 술어는 부정 형식에 국한된다.

- 最近太忙了，我连一天都没休息。

  Zuìjìn tài máng le, wǒ lián yì tiān dōu méi xiūxi.

  (요즘 너무 바빠 나는 하루도 쉬지를 못 했다.)

- 他家我连一次都没去过。

  Tā jiā wǒ lián yí cì dōu méi qùguo.

  (그의 집을 나는 한 번도 가 본 적이 없다.)

'连'이 어떤 위치(문두 주어 앞, 주어 뒤 술어 앞, 동사 뒤 보어 앞)에 있든 간에 뒤에는
반드시 '也'나 '都'가 나와야 한다. 없으면 틀린 문장이 된다.

|모범작문| 妈妈连星期天都去工厂干活。

Māma lián xīngqītiān dōu qù gōngchǎng gànhuó.

1 다음 문장을 중국어로 작문하시오.

1) 그는 언제 숙제를 제출하는지조차 잊어버렸다. [交作业]

➡

2) 그 조차도 시험을 잘 치르지 못했다. [考好]

➡

3) 그는 휴가 중에도 학원에 가서 수업을 듣는다. [假期, 补习班]

➡

4) 그는 축구시합을 보는 것조차도 싫어한다.
[足球比赛, '看'을 앞뒤에 두 번 사용]

➡

2 틀린 곳을 바르게 고치시오.

1) 这本书连老师看不懂。

2) 我爸爸连问不问。

3) 这几天我很忙，连休息不能。

4) 他家我连一次没去。

31 나는 그에게 중국어를 배우려고 한다

개사

|작문하기|

|틀린 문장| 我要给他学中文。
Wǒ yào gěi tā xué Zhōngwén.

|왜 그럴까| 개사 '和'에는 네 개의 의미 항목이 있다.

1 '공동', '협동'의 의미를 나타낸다.

- 有事要和大家商量, 别一个人做主。
  Yǒu shì yào hé dàjiā shāngliáng, bié yí ge rén zuòzhǔ.
  (일이 있으면 다른 사람과 상의해야지 혼자서 결정하지 마라.)

- 我就和他在汉城见过一面。Wǒ jiù hé tā zài Hànchéng jiànguo yí miàn.
  (나는 그와 서울에서 딱 한 번 만난 적이 있어.)

2 동작의 대상을 나타낸다.

- 我很愿意和大家讲一讲。Wǒ hěn yuànyì hé dàjiā jiǎng yi jiǎng.
  (저는 정말로 여러분들과 이야기하고 싶어요.)

- 我和你谈谈, 好吗? Wǒ hé nǐ tántan, hǎo ma?
  (우리 이야기 좀 할까? 괜찮겠니?)

3 어떤 사물과 연계되어 있음을 나타낸다.

- 他和这件事没有任何关系。Tā hé zhè jiàn shì méiyǒu rènhé guānxi.
  (그는 이 일과는 어떤 관계도 없다.)

- 我去不去和你有什么相干。Wǒ qù bú qù hé nǐ yǒu shénme xiānggàn.
  (내가 가든 말든 너와 무슨 상관이야.)

- 他和我弟弟的年龄差不多。Tā hé wǒ dìdi de niánlíng chàbuduō.
  (그는 내 동생과 나이가 비슷하다.)

- 他的个子和我一样高。Tā de gèzi hé wǒ yíyàng gāo.
  (그는 키가 나만큼 크다.)

'和' 의 의미에 해당하는 한국어로는 '–와(–과)', '–에게' 등이 있다. 표제 작문
에서는 학습자가 '–에게＝给' 로 생각하여 생긴 오류다.

|모범작문| 　我要和他学中文。Wǒ yào hé tā xué Zhōngwén.

EXERCISE

1 다음 문장을 중국어로 작문하시오.

1) 그는 나하고만 이 일을 이야기했다. [只]

➡

2) 가서 그들과 좀 상의하세요. [商量, 吧]

➡

3) 그게 저하고 무슨 상관 있어요? [그게=那(×) / 这]

➡

4) 그의 개인적 취미는 나하고 전혀 다르다. [个人兴趣]

➡

5) 그는 자주 나와 중국어로 말한다.

➡

2 틀린 곳을 바르게 고치시오.

1) 你最好他和说一声。

2) 爸爸和一起去的人都回来了，就爸爸没回来。

3) 他已经他哥哥和一样高了。

4) 我要他和一块去。

5) 我至今还没他见过面。

6) 他就我说过一次。

7) 谁也不他和一起去。

8) 这事我有何相干。

32 이 책은 작년에 그가 썼다

'是 ~ 的' 구조

|작문하기|

|틀린 문장| 这本书是他去年写。
Zhè běn shū shì tā qùnián xiě.

|왜 그럴까| 중국어에서 '是 ~ 的' 격식은 가장 많이 사용되는 격식 중의 하나다. 이 격식의 용법
과 의미는 다음과 같다.

1 주어＋是＋명사성어구＋的

소속이나 재료를 나타낸다.

• 这本书是谁的？ Zhè běn shū shì shéi de?
 (＝谁的书？ / 이 책은 누구 것이냐?)

• 这房子是木头的。 Zhè fángzi shì mùtou de.
 (＝木头的房子。 / 이 집은 나무로 지었다.)

2 주어＋是＋동사성어구/형용사성어구＋的

분류를 나타낸다.

• 我是教书的。 Wǒ shì jiāoshū de. (＝教书的人。 / 나는 글을 가르친다.)

• 这牛肉是新鲜的。 Zhè niúròu shì xīnxiān de.
 (＝新鲜的牛肉。 / 이 소고기는 신선하다.)

3 주어＋是＋절 형식＋的

분류를 나타낸다. 주어는 절 안에 사용된 동사의 의미상의 목적어이다.
아래에서 '这件衣服'는 '买'의 의미상의 목적어이다.

• 这件衣服是我前年买的。 Zhè jiàn yīfu shì wǒ qiánnián mǎi de.
 (＝我前年买的衣服。 / 이 옷은 재작년에 샀다.)

- 烤牛肉是他最爱吃的。Kǎoniúròu shì tā zuì àichī de.
  (=他最爱吃的菜。/ 불고기는 그가 가장 좋아하는 음식이다.)

이 세 가지 '是~的' 격식은 의미적으로는 대부분 '的' 뒤에 명사가 생략된 것으로 볼 수 있다. 하지만 실제로 이 명사를 표현해 내지는 않는다.

4 주어+是+동사성어구/형용사성어구+的

주어에 대한 묘사나 설명을 나타내며 어기를 강하게 하는 작용을 한다. 일반적으로 긍정문에 사용하며 '是', '的'는 생략하여도 문장의 기본 의미에는 영향을 미치지 않는다.

- 我是肯定去的。Wǒ shì kěndìng qù de.
  (나는 틀림없이 갈 것이다. / 비교 : 我肯定去。)

- 你放心吧, 她是不会怪你的。Nǐ fàngxīn ba, tā shì bú huì guài nǐ de.
  (안심해. 그녀는 너를 꾸짖지 않을 거야. / 비교 : 你放心吧, 她不会怪你。)

- 他的手艺是很高明的。Tā de shǒuyì shì hěn gāomíng de.
  (그는 손재주가 대단해. / 비교 : 他的手艺很高明。)

5 是+{절+的}

절의 주어를 강조한다. '是' 앞에는 주어를 첨가할 수 없다.

- 是小王对我说的。Shì xiǎo Wáng duì wǒ shuō de. (왕군이 나에게 말했어.)

- 是我把收音机关掉的。Shì wǒ bǎ shōuyīnjī guāndiào de.
  (내가 라디오를 껐어.)

네번째 '是~的' 격식 "주어+是+ 동사성 어구/형용사성 어구+的"에서는 '的'를 생략할 수도 있고, '的'와 '是'를 같이 생략할 수도 있다. 하지만 나머지 '是~的' 격식에서는 '的'를 생략할 수 없다. 생략할 경우 문장이 성립되지 못한다.

这件衣服是我前年买。(×)

是小王对我说。　　　(×)

衣服是旧的。Yīfu shì jiù de. (분류/ 옷은 낡은 것이야.)

衣服是旧。Yīfu shì jiù.
(강조하여 설명할 경우에 사용. '是' = '的确' / 옷이 정말 낡았어.)

표제 작문은 '분류' 의 의미를 나타내며 세번째 '是 ~的' 격식이 나타내는 의미 범위에 속하므로 문말에 '的' 를 첨가하여야 한다.

|모범작문|　　这本书是他去年写的。
　　　　　　Zhè běn shū shì tā qùnián xiě de.

EXERCISE

1 다음 문장을 중국어로 작문하시오.

1) 이 책은 내가 지난 주에 산 것이다. / 나는 이 책을 지난 주에 샀다.
['这本书' 를 주어로 사용]

➡

2) 그가 말했어.

➡

3) 이 일은 아주 복잡해.

➡

4) 나는 작년에 한국에 왔어.

➡

2 틀린 곳을 바르게 고치시오.

1) 你不用担心了, 他们对我是很友好。

2) 你快点给家里打个电话吧, 不然你妈是会很着急。

3) 别问了, 是我打碎玻璃。

4) 这件大衣是我年轻的时候穿过。

3 다음 문장을 '是~的' 격식의 문장으로 바꾸시오.

1) 他昨天去汉城了。

2) 那个花确实挺好看。

3) 他在北京出生。

4) 谁对你讲了那件事?

5) 他最爱吃葡萄。

33 나는 중국 영화를 본 적이 없다

'没', '了'

|작문하기| 中国电影 Zhōngguódiànyǐng

|틀린 문장| 我没看过了中国电影。
Wǒ méi kànguo le Zhōngguó diànyǐng.

|왜 그럴까| 이미 이루어진 동작에 대한 부정을 나타내는 '没(有)'가 사용된 문장은 행위가 실현되지 않았음을 나타낸다. 이미 완성된 동작을 나타내는 '了'와는 문법적 의미가 완전히 다르다. 일반적으로 '没(有)'와 '了'는 한 문장 안에 같이 사용할 수 없다.

긍정식	去了	买了书包了	老了
부정식	没(有)去 没(有)去了(×)	没(有)买书包 没(有)买了书包了(×)	没(有)老 没(有)老了(×)

다음은 학습자들이 자주 틀리는 오류 문장들이다.

· 他去了，我没去。Tā qù le, wǒ méi qù.
  他去了，我没去了。(×)
  (그는 갔으나 나는 가지 않았다.)

· 我没有看那部电影。Wǒ méiyǒu kàn nà bù diànyǐng.
  我没有看那部电影了。(×)
  (나는 그 영화를 보지 않았다.)

한국어의 부정식 표현은 다음과 같다.

- A. 나는 어제 학교에 갔다.

  ⇒ 我昨天去了学校。Wǒ zuótiān qù le xuéxiào.

- B. 나는 어제 학교에 가지 않았다.

  나는 어제 학교에 안 갔다.

  나는 어제 학교에 못 갔다.

  ⇒ 我昨天没去学校。Wǒ zuótiān méi qù xuéxiào.

학습자는 '았/었=了'로 보고 "나는 어제 학교에 가지 않았다"를 "我昨天没去学校了"나 "我昨天不去学校了"로 잘못 작문하는 경향이 많다.

|모범작문| **我没看过中国电影。** Wǒ méi kànguo Zhōngguó diànyǐng.

|보충설명| 일반적으로 부정사 '不'도 '没'와 마찬가지로 동사나 형용사 앞뒤에서 '了'와 함께 사용될 수 없다. 하지만 아래 예에서처럼 원래의 계획을 바꿈으로써 새로운 상황이 전개됨을 표현할 때는 가능하다.

- **业务很多，明天不休息了。** Yèwù hěn duō, míngtiān bù xiūxi le.
  (업무가 많아서 내일은 쉬지 않기로 했다. / 원래는 내일 쉬려고 했음)

- **进了工厂了，不上学了。** Jìn le gōngchǎng le, bú shàngxué le.
  (공장에서 일하기로 했어요. 학교엔 안 가겠어요. / 원래는 학교에 다닐 계획이었음)

가설의 부정('如果不~'의 의미)을 나타낼 경우 '了'는 사용하지 않아도 무방하다.

- **这个问题不解决(了)不行。** Zhè ge wèntí bù jiějué (le) bùxíng.
  (이 문제는 해결하지 않으면 안 된다.)

- **功课不做完(了)心里不踏实。** Gōngkè bú zuòwán (le) xīn li bú tāshi.
  (공부를 끝내지 않으면 마음이 편치 않다.)

'别+동사성어구+了'

- **别想了**。Bié xiǎng le. (그만 생각해라.)
- **你喝了不少了，别喝了**。Nǐ hē le bù shǎo le, bié hē le.

  (너는 많이 마셨어. 그만 마셔라.)

"他没去过中国"와 같이 '过'와 '没(有)'는 문장의 술어동사 앞뒤에 사용할 수 있으나 '过'와 '不'는 함께 사용할 수 없다.

见过他	去过北京
没见过他。	没去过北京。
不见过他。(×)	不去过北京。(×)

*E*XERCISE

1 다음 문장을 중국어로 작문하시오.

1) 그는 한국에 가 보지 못했다.

　➜

2) 나는 어제 영화를 보러 가지 않았다.

　➜

3) 그는 오늘 아침에 식사를 하지 않았다.

　➜

4) 나는 전에 한자를 배운 적이 없다.

　➜

2 틀린 곳을 바르게 고치시오.

1) 你不去过汉城吗?

2) 他还没吃了韩国的烤牛肉。

3) 昨天学校事情很多, 所以我没回家了。

4) 我昨天没去了他家。

5) 他没给家里打了电话, 他妈很着急。

6) 这件大衣我以前从没见了。

3 괄호 안에 '没', '不', '别', '过', '了' 중 옳은 것을 넣으시오.

1) 你( )去( )。

2) 我从来( )说过这种话。

3) 我至今还没去( )中国。

4) 明天我( )去了, 家里有点事情要办。

5) 别扔( ), 留着有用。

34 그가 어제 내게 말했다

'给', '对'

➜

|틀린 문장| 他昨天给我说的。
Tā zuótiān gěi wǒ shuō de.

|왜 그럴까| 개사 '给' 의 주요 용법은 다음과 같다.

1 전달받는 접수자를 끌어들인다.

A. 동사 앞에 사용

- 你快给他打个电话。Nǐ kuài gěi tā dǎ ge diànhuà.
  (빨리 그에게 전화하세요.)

- 他母亲给他寄来了一个录音机。Tā mǔqīn gěi tā jìlai le yí ge lùyīnjī.
  (그의 모친께서 그에게 녹음기를 부쳐 보내셨다.)

B. 동사 뒤에 사용

- 他把钥匙留给我了。Tā bǎ yàoshi liú gěi wǒ le.
  (그는 열쇠를 나에게 맡기고 갔다.)

- 老师交给他一封信。Lǎoshī jiāo gěi tā yì fēng xìn.
  (선생님은 그에게 편지 한 통을 건네주었다.)

2 동작의 수혜자를 끌어들인다. (=개사 '为')

- 我给老外当翻译。Wǒ gěi lǎowài dāng fānyi.
  (나는 외국인 친구에게 통역을 해주었다.)

- 他正在给报社写稿。Tā zhèngzài gěi bàoshè xiě gǎo.
  (그는 신문사에 보낼 원고를 쓰고 있다.)

3 동작의 피해자를 끌어들인다.

- 对不起，这本书给你弄脏了。Duìbuqǐ, zhè běn shū gěi nǐ nòngzāng le.

  (미안합니다. 책을 더럽혀서.)

- 怎么把屋里给我搞得这样乱七八糟的？

  Zěnme bǎ wūli gěi wǒ gǎo de zhèyàng luànqībāzāo de?

  (어째서 내 방을 이렇게 엉망으로 해 놓았니?)

4 '给我' 에 동사를 더하여 명령문에 사용.

- 出去的时候给我把门关好。Chūqù de shíhou gěi wǒ bǎ mén guānhǎo.

  (나가실 때 문을 꼭 잠궈 주세요.)

- 你给我走开! Nǐ gěi wǒ zǒu kāi! (저리 비켜!)

5 '对' 와 같은 뜻으로 쓰이는 예

- 学生们都给老师行礼了。Xuéshengmen dōu gěi lǎoshī xínglǐ le.

  (학생들은 선생님에게 인사를 했다.)

- 他正在给小朋友讲故事。Tā zhèngzài gěi xiǎo péngyou jiǎng gùshi.

  (그는 지금 어린아이들에게 이야기를 해 주고 있다.)

- 金哲又给我使了个眼色。Jīn Zhé yòu gěi wǒ shǐ le ge yǎnsè.

  (김철은 또 나에게 눈짓을 했다.)

6 피동을 나타낸다. (= '被')

- 门给风吹开了。Mén gěi fēng chuī kāi le. (문이 바람에 열렸다.)

- 衣服给雨淋湿了。Yīfu gěi yǔ línshī le. (옷이 비에 젖었다.)

'对' 는 '给' 와 마찬가지로 한국어로는 '-에게' 로 번역되기 때문에 학습자는 작문에서 '对' 를 사용해야 하는 곳에서도 '给' 를 사용하는 경우가 많다. 단순히 동작의 대상을 표시할 경우에는 '对' 만 사용할 수 있고 '给' 는 사용할 수 없다. 아래 문장에 사용된 '对' 는 모두 '给' 로 바꿀 수 없다.

- 他对我笑了。Tā duì wǒ xiào le. (그는 나를 보고 웃었다.)

- 决不对困难低头。Jué bú duì kùnnan dītóu.
  (어려움 앞에 고개를 숙일 수는 없다.)

- 他都对你说了些什么? Tā dōu duì nǐ shuō le xiē shénme?
  (그는 너에게 뭘 말했었니?)

- 他为什么对你大声喊叫? Tā wèishénme duì nǐ dàshēng hǎnjiào?
  (그는 왜 너한테 소리지르니?)

일반적으로 '对' 를 사용하여 끌어들인 대상이 동작의 수혜자인 문장의 일부분만이 '给' 로 바꿀 수 있다. 앞 페이지 5의 예로 든 '对' 의 의미를 나타내는 예에서 '老师, 小朋友', '我' 는 각각 '行礼', '讲故事', '使眼色' 동작 행위의 수혜자다. 만약에 '对' 를 사용하여 끌어들인 동작 대상이 동작의 수혜자인지를 알 수 없다면 '给' 로 대체할 수 없다.

① 他对你说了些什么? Tā duì nǐ shuō le xiē shénme? (그는 너에게 뭘 말했니?)
   他给你说了些什么? (×)
② 他又对我说了一遍。Tā yòu duì wǒ shuō le yí biàn. (그는 한번 더 나에게 말했다.)
   他又给我说了一遍。(o)

위 ①의 동작행위 '说什么' 가 '你' 에게는 좋은 것인지 나쁜 것인지 모른다. 그래서 문장에서 '对' 는 단순히 동작의 대상만 나타내기 때문에 '给' 로 대신할 수 없다. 위 ②에서 '또 한번 나에게 말해줌으로써 결과적으로 도움이 되었음' 을 의미하므로 '我' 는 수혜자가 된다. 그래서 '对' 는 '给' 로 대신할 수 있다.
표제 작문에서 동작 '说' 는 문장에서 '我' 를 수혜자로 만들 수 없기에 '给' 을 사용하여 동작의 대상을 끌어들일 수 없다. '对' 로 바꾸어 주어야 한다.

|모범작문| **他昨天对我说的。**Tā zuótiān duì wǒ shuō de.

|보충설명| 谈话动词 '问', '告诉', '通知', '提醒' 등의 담화대상은 중국어에서 간접목적어의 형식으로 동사 뒤 그리고 직접목적어 앞에 사용하는 경우가 많다. '给'를 사용하여 담화대상을 동사 앞으로 끌어내 부사어로 삼을 수는 없다.

- **他问你什么事情?** Tā wèn nǐ shénme shìqing? (그는 너에게 뭘 물어봤니?)
  他给你问什么事情? (×)

- **我告诉他这个消息了。**Wǒ gàosu tā zhè ge xiāoxi le.
  (나는 소식을 그에게 알려줬어.)
  我给他告诉这个消息了。 (×)

① 다음 문장을 중국어로 작문하시오.

1) 그는 나에게 잘 해 준다. [对 ~ 很好]

　→

2) 나는 그를(에 대해) 잘 모른다. [了解]

　→

3) 나는 그에게 조금은 불만이다. [意见]

　→

4) 그에게 이 일을 이야기 하지 마시오.

　→

5) 그는 나에게 문제 두 개를 물었다.

　→

6) 왕군은 벌써 나에게 시험날짜를 알려 주었다. [告诉, 考试日期]

　→

② 틀린 곳을 바르게 고치시오.

1) 你为什么给他说让他难过的事情呢?

2) 我已经给他说我今天晚上不能参加同学聚会了。

3) 给谁发牢骚也没用, 只能靠自己去干。

4) 她还没给她妈妈说。

5) 我给他问一个问题。

6) 我给王先生告诉了这个消息。

*E*XERCISE

3 괄호 안에 '对'나 '给'중 옳은 것을 넣으시오.

1) 你 ( ) 谁都一样好。

2) 请你再 ( ) 我解释一遍。

3) 我从来就没 ( ) 他说过这种难听的话。

4) 到北京后别忘了 ( ) 我来封信。

5) 我借 ( ) 他一本书。

6) 他正在 ( ) 学生做辅导

7) 请 ( ) 我来一封信, 好吗?

8) 你 ( ) 我把作业写完再玩!

9) 自行车已经 ( ) 他修好了。

10) 总经理 ( ) 谁都那么严厉, 大家都不敢和他说话。

35 시외버스가 기차보다 훨씬 많다

비교문

|작문하기| 长途汽车 Chángtúqìchē

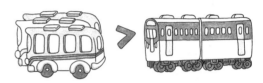

→

|틀린 문장| 长途汽车比火车很多。
Chángtúqìchē bǐ huǒchē hěn duō.

|왜 그럴까| '~보다 훨씬 많다' 라는 비교문의 작문에서 학습자는 '훨씬' 이라는 단어 '很' 을 대입시키는 오류를 자주 범한다.

그러나 중국어 비교문에서 형용사는 '很' 의 수식을 받을 수 없고 '还', '更' 등의 수식만 받을 수 있다. (형용사 뒤에는 '一些', '一点' 등이 붙는 경우가 많다.)

> • 这个房间比别的房间还大。Zhè ge fángjiān bǐ biéde fángjiān hái dà.
> (이 방은 다른 방보다 더 크다.)
>
> 这个房间比别的房间更大。Zhè ge fángjiān bǐ biéde fángjiān gèng dà.
> (이 방은 다른 방보다 더 크다.)
>
> 这个房间比别的房间很大。(×)
> -
> • 他比我更大方一些。Tā bǐ wǒ gèng dàfang yìxiē.
> (그는 나보다 좀 더 대범하다.)
> -
> • 他的汉语跟我比还差一点。Tā de Hànyǔ gēn wǒ bǐ hái chàyìdiǎn.
> (그의 중국어는 나보다 좀 못하다.)

그리고 중국어에서 정도보어는 비교문에 사용할 수 없다. '多' 만 예외로 사용할 수 있다.

- 这个房间比别的房间大得多。Zhè ge fángjiān bǐ biéde fángjiān dà de duō.
  (이 방은 다른 방보다 훨씬 크다.)

- -

- 这几天比前几天还冷。Zhè jǐ tiān bǐ qián jǐ tiān hái lěng.
  (요 며칠 간은 얼마 전보다 더 춥다.)

  这几天比前几天冷得多。Zhè jǐ tiān bǐ qián jǐ tiān lěng de duō.
  (요 며칠 간은 얼마 전보다 훨씬 춥다.)

  这几天比前几天冷得很。(×)

- -

- 他的汉语比我好得多。Tā de Hànyǔ bǐ wǒ hǎo de duō.
  (그는 중국어가 나보다 훨씬 낫다.)

  他的汉语比我好得很。(×)

|모범작문| 长途汽车比火车更(还)多。
Chángtúqìchē bǐ huǒchē gèng (hái) duō.

长途汽车比火车多得多。
Chángtúqìchē bǐ huǒchē duō de duō.

|보충설명| 중국어 비교문에서 동사를 술어로 사용할 수 있으나, 비교문 술어로 사용되는 동사는
많은 제약을 받는다. 동사의 대부분은 '능력', '바람', '애호', '증오' 등의 의미를 나
타내는 동사이거나 '有' 이다.

- 他比我还能吃。Tā bǐ wǒ hái néng chī.
  (그는 나보다도 잘 먹는다.)

- 他比我更喜欢读小说。Tā bǐ wǒ gèng xǐhuan dú xiǎoshuō.
  (그는 나보다 소설책 읽기를 더 좋아한다.)

- 他比我有能力。Tā bǐ wǒ yǒu nénglì.
  (그는 나보다 능력이 있다.)

다른 류의 동사가 '比' 자문에 사용될 경우에는 '得' 자 보어를 취한다. 이때 '比' 자구는 동사 앞에 올 수도 있고 '得' 자 뒤에 올 수도 있다.

- **她唱得比我好**。Tā chàng de bǐ wǒ hǎo.
  (그녀는 노래가 나보다 낫다.)

- **她比我唱得好**。Tā bǐ wǒ chàng de hǎo.
  (그녀는 나보다 노래를 잘 한다.)

학습자들은 '더 마셨다', '더 내렸다'의 중작에서 동보구조 대신에 '더=更'을 대입시켜 동작동사 앞에 두는 오류를 자주 범한다.

- 오늘은 비가 어제보다 더 많이 내렸다.

  雨今天比昨天下得更大。Yǔ jīntiān bǐ zuótiān xià de gèng dà.

  雨今天比昨天更下。(×)

- 오늘은 어제보다 더 많이 마셨다.

  今天比昨天喝得更多。Jīntiān bǐ zuótiān hē de gèng duō.

  今天比昨天更喝。(×)

*E*XERCISE

1 다음 문장을 중국어로 작문하시오.

1) 그는 나보다 훨씬 강하다. ['得' 구조, 强]

  ➜

2) 나는 지금 2학년이지만 중국어 수준은 다른 친구와 비교해 차이가
  많이 난다. [虽然~但是, 比起, 差多了]

  ➜

3) 이번 학기는 지난 학기에 비해 많이 바빴던 것 같다.
  [我觉得, 很忙(×) → '得' 구조를 이용]

  ➜

4) 그는 한국음식이 중국음식보다 훨씬 맛있다고 말했다.
  ['比' 字句, 好吃]

  ➜

2 틀린 곳을 바르게 고치시오.

1) 比他我差多了。

2) 这个教室比那个教室挺大。

3) 多吃蔬菜比肉好。

4) 他比我多吃。

5) 他的考试成绩比别人很差。

6) 他比我很好地唱。

3 괄호 안을 채우시오.

1) 你( )谁都好。

2) 我比他们强( )了。

3) 我的朋友比他的朋友( )多。

4) 多吃水果比( )肉好。

36 그는 나올 때 울었다

'时', '时候'

|작문하기| 出来 chūlái   哭 kū

➡

|틀린 문장| 出来的时他哭了。
Chūlái de shí tā kū le.

|왜 그럴까| 중국어의 '时候'와 '时'는 한국어에서 다 같이 '~할 때'로 번역한다. 학습자들은 고문 학습의 영향을 받아 작문에서 '时候' 대신에 '时'를 사용하는 경우가 종종 있다. 하지만 중국어에서는 이 둘의 용법이 서로 다르다. '时' 앞에 수식어가 있을 경우 수식어가 단음절 단어이든 다음절 단어이든 구이든 간에 '时' 앞에는 '的'를 사용할 수 없다.

这时	回去时
这的时 (×)	回去的时 (×)
到学校时	去汉城时
到学校的时 (×)	去汉城的时 (×)

'时候' 앞의 수식어가 '这', '那'일 경우에는 반드시 '的'를 사용해서는 안 된다. 다른 수식어 뒤에는 '的'를 사용해도 되고 안 해도 된다.

这时候	那时候	
这的时候 (×)	那的时候 (×)	
来时候 (×)	走时候 (×)	回去时候 (×)
来的时候	走的时候	回去的时候
到学校时候	从釜山出发时候	
到学校的时候	从釜山出发的时候	

확실히 '的'를 사용하지 않을 때는 어기가 훨씬 조밀한 느낌을 받으며 '的'를 사용했을 때는 어기가 훨씬 부드러운 느낌을 받는다. 그래서 '时候' 앞에 '的'를 사용할 경우가 훨씬 많다. 특히 앞의 수식어가 비교적 복잡한 구일 경우가 그러하다.

|모범작문| 出来时他哭了。Chūlái shí tā kū le.

出来的时候他哭了。Chūlái de shíhou tā kū le.

*E*XERCISE

1 다음 문장을 중국어로 작문하시오.

1) 그가 올 때 나는 식사를 하고 있는 중이었다. [正在]

→

2) 나는 대학을 다닐 때는 그 사람을 몰랐다. [在大学学习, 还]

→

3) 숙제할 때는 TV를 보지 마라. [写作业]

→

4) 올 겨울방학 때는 중국을 한번 다녀오고 싶다. [放寒假, 去一趟]

→

2 틀린 곳을 바르게 고치시오.

1) 走的时叫我一声。

2) 我在家里看电视的时听到外面有人在大声喊叫。

3) 这的时候我还没起床。

4) 我说话的时你要注意听。

37 그는 이 일 때문에 많이 울었다

'很多'

|작문하기|| 因为 yīnwèi

 →

|틀린 문장| 因为这件事，他哭得很多。
Yīnwèi zhè jiàn shì, tā kū de hěn duō

|왜 그럴까| 중국어에서 '很多' 는 관형어나 목적어로만 사용한다.

> - 他家来了很多客人。Tā jiā lái le hěn duō kèrén.
>   (그의 집에 손님이 많이 왔다. / 관형어로 사용)
>
> - 客人来了很多。Kèrén lái le hěn duō.
>   (손님이 많이 왔다. / 목적어로 사용)

'很多' 는 부사어나 보어로는 사용할 수 없기 때문에 "他很多哭了"나 "他哭得很多"는 모두 틀린 문장이 된다. "他很多哭了"의 오류는 학습자들이 한국어 어순의 영향을 받아서 만들어진 것이다. 한국어 "많이 울었다"에서 '많이' 는 동사 앞에 위치하기 때문이다.

|모범작문| 因为这件事，他哭了很多次。Yīnwèi zhè jiàn shì, tā kū le hěn duō cì.
因为这件事，他哭了很久。Yīnwèi zhè jiàn shì, tā kū le hěn jiǔ.
因为这件事，他哭了很多。Yīnwèi zhè jiàn shì, tā kū le hěn duō.

*E*XERCISE

1 다음 문장을 중국어로 작문하시오.

1) 그는 서울에 여러 번 갔었다. ['很多次' 를 지명 앞에 사용]

➡

2) 이 글을 나는 여러 번 썼다. [文章, 很多遍]

➡

3) 나는 서울에 있는 동안 그를 여러 번 만났다. [见了很多次面]

➡

4) 그 친구 집에 나는 여러 번 갔었다. [很多回]

➡

2 틀린 곳을 바르게 고치시오.

1) 我们俩见面很多。

2) 他考试没考好, 很多哭过。

3) 我已经失败过很多。

4) 我很多去过釜山。

38 우리 반에 학생 한 명이 새로 왔다

存现文

|작문하기| 班 bān   新同学 xīntóngxué

|틀린 문장| 我们班一个新同学来了。
Wǒmen bān yí ge xīn tóngxué lái le.

|왜 그럴까| 存现文은 어떤 장소에 어떤 사람(사물)이 존재(출현, 소실)하는 것을 나타내는 문형이다. 문두에는 장소어가 주어가 되고(存现主语) 목적어는 존재, 출현, 소실의 주체(存现目的语)를 나타낸다. 존재 의미를 나타내는 동사 뒤에는 일반적으로 '着', '了' 등이 붙고(동사 '有/没有'는 제외), 출현, 소실의 의미를 나타내는 술어동사 뒤에는 일반적으로 '了'나 추향보어가 붙는다. 존현문의 목적어는 수량구를 지닌 偏正构造로 대부분 동작의 시행자를 나타낸다.

장소(存现主语) + 술어동사(존재, 출현, 소실) + 着 / 了 / 趋向补语 + 주체자(存现目的语)

① 门口站着一个人。 Ménkǒu zhànzhe yí ge rén. – 존재
② 树林里跳出一只老虎来。 Shùlín li tiàochū yì zhī lǎohǔ lái. – 출현
③ 村子里搬走了好几家。 Cūnzi li bān zǒu le hǎo jǐ jiā. – 소실

위 예의 한국어 표현은 다음과 같다.

① 문 입구에 누가 서 있다.
② 숲 속에서 호랑이 한 마리가 튀어 나왔다.
③ 마을에서 여러 집이 이사를 나갔다.

두 언어의 비교에서 알 수 있듯이 존현문의 존현목적어는 번역문에서는 주격조사 '-이/-가'가 첨가되어 주어가 되고, 존현문의 존현주어는 번역문에서는 조사 '-에/-에서'가 첨가되어 부사어가 된다. 한국어 어순의 영향을 받아 학습자들은 작문에서 존재 · 출현 · 소실의 주체를 주어로 보아 동사 앞에 두는 경우가 많다. 또한 '-에/-에서'의 영향으로 장소어 앞에 개사를 첨가하여 "在我们班一个新同学来了"로 틀리게 작문하는 경우도 많다.

|모범작문| 我们班来了一个新同学。
Wǒmen bān lái le yí ge xīn tóngxué.

EXERCISE

① 다음 문장을 중국어로 작문하시오.

1) 벽에 그림이 걸려 있다. [挂, 着]

→

2) 그 사람 집에 손님이 많이 왔다.

→

3) 이 강에는 고기가 많다. [条]

→

4) 소 한 마리가 소 우리에서 도망쳤다. [牛圈, 头]

→

② 틀린 곳을 바르게 고치시오.

1) 在桌子上有几本杂志。

2) 东边两个人来了。

3) 桥上一个人站着。

4) 在这个学校很大的图书馆有。

5) 教室里学生没有。

6) 在冰箱里边很多水果有。

7) 在轮船上两个人下去了。

8) 在树上一只喜鹊飞过来。

39 중국에서 나는 한국 요리를 자주 먹었다/먹는다

'了'

|작문하기|　常常 chángcháng　　韩国菜 Hánguócài

➡

|틀린 문장|　在中国我常常吃了韩国菜。
Zài Zhōngguó wǒ chángcháng chī le Hánguó cài.

|왜 그럴까|　문장의 时态 의미를 밝혀주는 어휘 표시나 문법적 장치가 있을 경우는 꼭 时态助词를 쓰지 않아도 된다.

예를 들어 다음 문장은 문장 전체의 时态를 나타내는 시간 표시 '昨天', '去年'이 있기 때문에 모두 '了'를 생략할 수 있다.

- 他昨天买(了)很多水果。Tā zuótiān mǎi (le) hěn duō shuǐguǒ.

- 我去年去(了)不少地方。Wǒ qùnián qù (le) bù shǎo dìfang.

문장에서 어휘 표시나 문법 표시가 时态助词가 나타내는 时态 의미와 상충될 경우 时态助词를 사용할 수 없다. 예를 들면 "동작 완료"를 나타내는 '了'와 동작의 지속을 나타내는 시간부사 '正在', '常常', '一向', '经常', '总是', '每年' 등은 상충된다. 그래서 이 둘은 동사술어 앞뒤로 함께 둘 수가 없다. 이들 부사는 과거에 항상 있었던 일(= 经常的 행위)을 표현할 때 사용한다. 또한 发话时를 기준으로 이들 시간부사는 '이미 이루어진' 시제 의미를 나타내기에 '了'는 사용하지 않아도 된다. 다음 예에서 '了'는 모두 삭제해야 한다.

- 我天天听了中文广播。(나는 매일 중국어 방송을 들었다/듣는다.) (×)

- 我们国家常常发生了交通事故。
  (우리나라에는 교통사고가 자주 일어난다.) (×)

- 他从上大学开始，一直学了汉语。（×）
  (그는 대학 다닐 때부터 시작해서 줄곧 중국어를 배웠다.)

- 我最喜欢的那匹马经常得了冠军。（×）
  (내가 가장 좋아하는 그 말이 늘 우승을 했다/한다.)

- 他几乎每天都去了市场。（×）
  (그는 거의 매일 시장에 갔다/간다.)

- 我一有困难，他总是热情地帮助了我。（×）
  (내가 어려움이 있으면 그는 늘 기꺼이 나를 도왔다/돕는다.)

한국어에서 '았/었'은 주로 과거의 동작·행위를 서술하는 데 사용한다. 그래서 초급과정의 학습자들은 작문 문제에서 술어동사에 '았/었'이 있으면 무조건 '了'를 사용하는 오류를 많이 범한다.

|모범작문| **在中国我常常吃韩国菜。**
Zài Zhōngguó wǒ chángcháng chī Hánguó cài.

|보충설명| 연동식 문장에서는 첫번째 동사 앞에 '经常的 행위'를 나타내는 단어 '常常', '一向', '经常', '总是', '每年' 등이 있어도 첫번째 동사 뒤에 '了'를 사용할 수 있다.

- 他总是复习了旧课再预习新课。Tā zǒngshì fùxí le jiù kè zài yùxí xīn kè.
  (그는 늘 배운 과를 복습한 후 새로운 과를 예습한다.)

- 我每年都是放了假回山东老家看望父母。
  Wǒ měi nián dōu shì fàng le jià huí Shāndōng lǎojiā kànwàng fùmǔ.
  (나는 매년 휴가 때마다 부모님을 뵈러 산둥 고향으로 내려간다.)

연동문에서 첫번째 동사 뒤의 '了'는 '앞선 시간'의 문법적 의미를 나타낸다. 첫번째 동사가 나타내는 동작은 두번째 동사가 나타내는 동작이 이루어지기 전에 이루어짐을 나타낸다(发话时 이미 동작이 진행되었을 수도 있고 아직 진행되지 않았을 수도 있다). 그래서 첫번째 동사가 사용된 부분에는 '以后/之后'를 첨가할 수도 있으며 문장 전체의 시간은 두번째 동사가 결정한다. 바꾸어 말하면, 구조적 측면에서 연동구조 앞의 시간 어구('总是', '每年')는 두번째 동사와 관련되지 첫번째 동사와 관련되는 것은 아니다. 이같은 이유로 첫번째 동사 부분을 삭제해도 문장은 성립되지만 두번째 동사 부분을 삭제하면 문장은 성립되지 않는다.

- 他总是预习新课。 Tā zǒngshì yùxí xīn kè.
  他总是复习了旧课。（×）

- 我每年都回山东老家看望父母。
  Wǒ měi nián dōu huí Shāndōng lǎojiā kànwàng fùmǔ.
  我每年都是放了假。（×）

여기서 우리는 연동문의 첫번째 동사 뒤의 '了'는 일반 단일동사 술어문의 '了'가 가지고 있는 문법 기능과는 다름을 알 수 있다.

*E*XERCISE

① 다음 문장을 중국어로 작문하시오.

1) 나는 늘 그렇게 하기를 주장해 왔다. [一向, 这么做]

➡

2) 내가 그 친구 집에 도착했을 때 그는 마침 식사를 하고 있었다.
[的时候, 正在]

➡

3) 어렸을 때 나는 늘 그의 집에 놀러 갔었다. [小时候, 经常]

➡

4) 한국에 온 후로 그는 늘 집에 전화를 한다/했다.
[以后, 总是, 给 ~ 电话]

➡

5) 그는 전에 늘 우리 형을 보러 왔다.

➡

② 틀린 곳을 바르게 고치시오.

1) 我在上大学的时候常常参加了篮球比赛。

2) 我这几天感冒了，老流了鼻涕。

3) 他每年都去国外过了一段时间。

4) 里边正在开会了，我没进去。

5) 我们经常一起去了图书馆学习。

6) 他总是向我提出了各种各样的问题。

7) 我上中学的时候常常坐了头班车。

8) 以前他常常去中国了。

40 나는 비행기로 가기로 결정했다

'了'

|작문하기|

|틀린 문장| 我决定了坐飞机去。
Wǒ juédìng le zuò fēijī qù.

|왜 그럴까| '同意', '发现', '决定', '答应' 등과 같은 술어동사가 동사(구)나 절을 목적어
로 취할 때 이들 술어동사 뒤에는 '了'를 사용할 수 없다.

> 她答应了一起去看电影。(×)
>
> 他同意了你参加会议。(×)
>
> 他看见了前面走过来一个人。(×)
>
> 我发现了他不高兴。(×)

따라서 표제 작문에서는 동사구가 '决定'의 목적어로 사용되었기 때문에 '了'
를 삭제하여야 한다.

|모범작문| 我决定坐飞机去。
Wǒ juédìng zuò fēijī qù.

1 다음 문장을 중국어로 작문하시오.

1) 나는 중국국제항공편으로 가기로 결정했다. [中国国航班机]

➜

2) 나는 대학을 졸업하고 대학원에 가기로 했다. [考研究生]

➜

3) 그는 나의 의견에 동의했다.

➜

4) 그는 네가 서울에 가는데 동의했다.

➜

5) 나는 네가 북경에 간다는 소식을 들었다.

➜

41 나는 바다를 보려고 목포에 갔었다

시간 표현의 모순

|작문하기| 木浦 Mùpǔ   看海 kànhǎi

→

|틀린 문장| 我去了木浦，因为我要看到了海。
Wǒ qù le Mùpǔ, yīnwèi wǒ yào kàndào le hǎi.

|왜 그럴까| 조동사 '要' 는 동작이 아직 일어나지 않았음을 나타낸다. 문장 의미에 근거해서
동작의 완료를 나타내는 '到' 와 그 뒤의 '了' 는 삭제하여야 한다.

|모범작문| 我去了木浦，因为我要看海。
Wǒ qù le Mùpǔ, yīnwèi wǒ yào kàn hǎi.

|보충설명| 부사어 위치에서 '동사+了+목적어/보어' 구조는 '以前' 과 함께 사용하는 데는
많은 제약이 따르지만 '以后' 와는 비교적 자유롭다.

吃晚饭以前 Chī wǎnfàn yǐqián	吃了晚饭以前（×）
吃晚饭以后 Chī wǎnfàn yǐhòu	
吃了晚饭以后 Chī le wǎnfàn yǐhòu	
去学校以前 Qù xuéxiào yǐqián	去了学校以前（×）
去学校以后 Qù xuéxiào yǐhòu	
去了学校以后 Qù le xuéxiào yǐhòu	
来中国以前 Lái Zhōngguó yǐqián	来了中国以前（×）
来中国以后 Lái Zhōngguó yǐhòu	
来了中国以后 Lái le Zhōngguó yǐhòu	

다음 예의 문법적 의미는 기본적으로 동일하다.

- 吃了饭我去你那儿。

  Chī le fàn wǒ qù nàr.

  (식사하고 너한테 가겠다.)

- 吃饭以后我去你那儿。

  Chī fàn yǐhòu wǒ qù nǐ nàr.

  (식사하고 너한테 가겠다.)

- 吃了饭以后我去你那儿。

  Chī le fàn yǐhòu wǒ qù nǐ nàr.

  (식사하고 너한테 가겠다.)

1️⃣ 다음 문장을 중국어로 작문하시오.

1) 나는 내일 서울에 간다.

➡

2) 나는 최대한 빨리 숙제를 끝내려고 한다.

➡

3) 내가 수업을 마치고 너한테 갈게.

➡

4) 그는 작년에도 중국에 가기 전에 나를 보러 한 번 왔었다.
[还, 一次]

➡

2️⃣ 틀린 곳을 바르게 고치시오.

1) 昨天中午吃了饭以前我没见过她。

2) 希望你考上了大学。

3) 我要参加了暑期汉语辅导班。

4) 我将要去了中国留学。

5) 吃了晚饭之前我接到了他的电话。

6) 不要给我买了衣服，我已经有很多衣服了。

7) 他病刚好，想去外边晒晒了太阳。

8) 他临走时说以后还要来了这里看我。

42 그는 매점에 가서 요구르트를 샀다

연동문에 사용하는 '了'

|작문하기| 小卖部 xiǎomàibù   酸奶 suānnǎi

➡️

|틀린 문장| 他去了小卖部买酸奶。
Tā qù le xiǎomàibù mǎi suānnǎi.

|왜 그럴까| 연동문의 첫번째 동사 뒤의 '了'는 첫번째 동사가 나타내는 동작이 두번째 동사가 나타내는 동작보다 먼저 일어남(发话时 동작이 행해졌을 수도 있고 행해지지 않았을 수도 있다)을 나타냄과 동시에 앞뒤 사태가 시간적으로 서로 긴밀히 이어져 있음을 강조한다. 그러나 이 '了'는 문장 전체의 시간을 결정할 수는 없다. 문장 전체의 시간은 두번째 동사가 결정한다. 위 표제 작문은 연동문의 한 유형으로, 뒷부분의 동사는 앞 부분의 동작·목적을 나타내며 문장 전체에서 의미의 중점이 되기도 한다. 문장 전체는 주로 목적 관계를 나타내는 것이지 시간상의 앞뒤 결속관계를 나타내는 것은 아니기 때문에 앞부분의 동사 뒤에 '了'를 사용할 필요는 없다. 또한 뒤 동사 부분에는 동작·행위가 일어난 시간을 나타내는 시간 표지가 없기 때문에 문장 전체는 시간적인 독립성을 잃어버리게 된다. 표제 문장이 이미 일어난 사건을 나타낼 경우 뒤 동사 부분에 '了'를 첨가하여야 한다.

|모범작문| 他去小卖部买了酸奶。 Tā qù xiǎomàibù mǎi le suānnǎi.

아직 사건이 일어나지 않았다면 다음과 같이 바꾸어야 한다.
他去小卖部买酸奶。 Tā qù xiǎomàibù mǎi suānnǎi.

화자가 목적 관계를 강조할 생각이 없고 앞뒤 두 사건이 시간적으로 서로 긴밀히 이어져 있는 관계를 강조하려고 한다면 다음과 같이 말할 수도 있다.

他去了小卖部买了(一瓶)酸奶。 Tā qù le xiǎomàibù mǎi le (yìpíng) suānnǎi.

1 다음 문장을 중국어로 작문하시오.

1) 나는 어제 HSK시험을 치러 서울에 갔었다. [汉语水平考试]

➡

2) 지난주 일요일 내 친구가 나를 보러 병원에 왔었다.

➡

3) 나는 도서관에 가서 책을 두 권 빌렸다.

➡

4) 나는 전화를 걸어 구급차 두 대를 불렀다. [辆, 救护车]

➡

2 틀린 곳을 바르게 고치시오.

1) 那天晚上我去了图书馆看书。

2) 昨天下午他来了学校参加毕业典礼。

3) 上个礼拜我到了郊外玩几天。

4) 他跳到了河里救出那个小孩。

43 그는 나에게 자신을 용서해 달라고 했다

겸어문 첫번째 동사 뒤의 '了'

|작문하기| 求 qiú   原谅 yuánliàng

 →

|틀린 문장| 他求了我原谅他。
　　　　　　Tā qiú le wǒ yuánliàng tā.

|왜 그럴까| 겸어문(兼语文)에서 겸어(여기서는 '我')는 첫번째 동사의 목적어이자 두번째 동사
의 주어이다. 그래서 이 겸어는 앞뒤 두 동사와 구조상 매우 긴밀하다. 특히 첫번째
동사와 겸어와의 관계가 두번째 동사와 겸어와의 관계보다 더 긴밀하다. 그래서 시
간부사나 시간명사는 겸어 뒤에만 첨가할 수 있다. 예를 들면, "经理叫他马上来
一趟"에서 '马上'을 '叫' 뒤에 둘 수는 없다.
　　　　　時态助词 '了' 또한 마찬가지로 첫번째 동사와 겸어 사이에 둘 수는 없다. 첫번째
동사 다음에 '了'를 첨가할 경우 앞뒤 두 동사간의 구조적 긴밀함을 깨뜨리게 된
다. 또한 의미적으로 보아도 첫번째 동사와 겸어는 이미 일어난 사건을 나타내지만
겸어와 두번째 동사로 이루어진 주술구는 아직 일어나지 않은 사건을 나타내기 때
문에 시간적 모순을 보인다. 따라서 특수한 상황을 제외하고는 겸어문의 첫번째 동
사 뒤에는 '了'를 붙이지 않는다.

|모범작문| 他求我原谅他。
　　　　　　Tā qiú wǒ yuánliàng tā.

*E*XERCISE

1 다음 문장을 중국어로 작문하시오.

1) 공장장은 나에게 달력을 100개 사도록 했다.
   [让, 本, 挂历, "了"를 사용]

   ➡

2) 모두들 그에게 가지 말라고 했다. [劝, "了"를 사용]

   ➡

2 틀린 곳을 바르게 고치시오.

1) 他请了我帮他一次忙。

2) 她求了父母再替她说说情。

3) 大家都鼓励了他继续努力，争取在期末考试中取得更好的成绩。

4) 同学们都劝了他别走。

44 오랜만입니다

'好久不见!', '好久不见了!'

|작문하기|

➡

|틀린 문장| **好久不见!**
Hǎo jiǔ bú jiàn!

|왜 그럴까| 한국인 학습자들은 "오랜만입니다"의 중국어 표현인 "好久不见了"에서 '了'를 빠뜨리고 표현하는 경우가 많다. "好久不见了"에서 어기사 '了'는 변화가 있음을 나타낼 뿐만 아니라 문장 성립의 필수성분이기도 하다. 이 '了'가 없을 경우 '변화가 있다'는 문법적 의미가 없어질 뿐만 아니라 문장 성립 요건도 부족하게 된다. 따라서 표제 작문에서는 '了'를 반드시 첨가하여야 한다.

|모범작문| **好久不见了!** Hǎo jiǔ bú jiàn le!

|보충설명| 다음은 문장 성립에 필요한 어기사를 마음대로 생략할 수 없는 경우의 예이다.

- A. 听说明天不上课。Tīngshuō míngtiān bú shàngkè. (내일 수업이 없다던데.)
  B. 真的吗? Zhēnde ma? (정말이야?)
  A. 真的。Zhēnde. (정말이야. / '真'만을 말할 수는 없다.)

- A. 你干什么呢? Nǐ gàn shénme ne? (너 뭐하니?)
  B. 打电话呢。Dǎ diànhuà ne.
  (전화하는 중이야 / '打电话'만을 말할 수는 없다.)

- A. 天晴了吧? Tiān qíng le ba? (날이 개었죠?)
  B. 晴了。Qíng le. (그래요. / '晴'만을 말할 수는 없다.)

---

1 틀린 곳을 바르게 고치시오.

1) A. 你好！

B. 你好！

A. 好久不见了！

B. 是啊，好久不见！

2) A. 好久不见，你最近去哪里？

B. 我去了一趟北京。

3) A. 你现在干什么呢？

B. 洗衣服。

4) A. 雨停了吧？

B. 雨停。

5) A. 你吃饭了吗？

B. 吃饭。

45 왕군은 늘 연필로 글씨를 쓴다

工具부사어와 시간부사어의 위치

|작문하기| 铅笔 qiānbǐ 写字 xiě zì

|틀린 문장| 小王用铅笔常常写字。
Xiǎo Wáng yòng qiānbǐ chángcháng xiě zì.

|왜 그럴까| 한국어에서는 조사나 어미의 활용에 의해 여러 가지 문법 관계가 나타나기 때문에 어순이 비교적 자유롭다. 그러나 중국어에서 어순은 여러 가지 문법 관계를 나타내는 중요한 수단으로 작용한다. 한 문장 안에 공구 부사어와 시간 부사어가 함께 있을 경우 한국어에서는 이 둘의 위치는 의미 전달의 중점을 어디에 두느냐에 따라 선후가 결정되므로 비교적 위치가 자유롭다고 할 수 있다. 그러나 중국어에서 시간 부사어는 공구 부사어 앞에 두어야 한다.

> * 그는 늘 찬물에/로 목욕한다.
> * 그는 찬물에/로 늘 목욕한다.
> -
> * 他经常用凉水洗澡。Tā jīngcháng yòng liángshuǐ xǐzǎo.
> * 他用凉水经常洗澡。(×)

이번에는 중국어 예를 보자.

* 他刚才用水瓢舀水。Tā gāngcái yòng shuǐpiáo yǎo shuǐ.
  (그는 방금 물바가지로 물을 떴다.)

* 我经常用大碗吃饭。Wǒ jīngcháng yòng dàwǎn chīfàn.
  (나는 늘 큰 그릇에 밥을 먹는다.)

* 那个老外总是用英语和我交谈。
  Nà ge lǎowài zǒngshì yòng Yīngyǔ hé wǒ jiāotán.
  (그 외국 친구는 항상 영어로 나와 이야기한다.)

• 他以前用毛笔写信。 *Tā yǐqián yòng máobǐ xiě xìn.*
（그는 전에는 붓으로 편지를 썼다.）

|모범작문| 小王常常用铅笔写字。 *Xiǎo Wáng chángcháng yòng qiānbǐ xiě zì.*

*E*XERCISE

1 다음 문장을 중국어로 작문하시오.

1) 그는 젊었을 때는 찬물에 목욕했다. [年轻的时候]

➡

2) 나는 방금 영어로 그와 인사했다. [打招呼]

➡

3) 그는 지금껏 녹음기로 영어공부를 했다.

➡

4) 그는 늘 나를 자전거에 태우고 학교에 간다. [总是, 带]

➡

2 틀린 곳을 바르게 고치시오.

1) 他用手刚才推了我一次。

2) 我用汉语一直跟他说话。

3) 他用我的车天天上学校。

4) 我用显微镜已经看过一次了。

46 그는 음악을 들으면서 숙제를 한다

연동문에 사용하는 '着'

|작문하기| 写作业 xiě zuòyè

|틀린 문장| 他听音乐着写作业。
Tā tīng yīnyuè zhe xiě zuòyè.

|왜 그럴까| 연동식 문장에서 첫번째 동사 부분에 '着'가 첨가되면 이 동사의 동작이 두번째 동사 부분의 동작과 동시에 진행됨을 나타낸다. 의미 관계에서 첫번째 동사 부분은 대부분 두번째 동사 부분의 상태·방식을 나타낸다.

연동식 문장에서 첫번째 동사 부분이 동목구로 충당될 경우 '着'는 반드시 동사 뒤 목적어 앞에 두어야지, 동목구 뒤에 두어서는 안 된다. 한국어 표현에서 첫번째 동사 부분 '음악을 들으면서'는 '목적어+술어+−면서'의 의미구조를 이룬다. 한국어 구조의 영향으로 학습자들은 '着'를 동사 뒤가 아닌 동목구 뒤에 잘못 두는 경우가 많다.

|모범작문| 他听着音乐写作业。Tā tīng zhe yīnyuè xiě zuòyè.

|보충설명| 연동식 문장에서 뿐만 아니라 다른 동목구조에서도 '着'는 동사 뒤, 목적어 앞에만 올 수 있고 동목구조 뒤에는 올 수 없다. 특히 쌍음절 동목구조(동목구나 动目离合词, (예) 下雨, 低头, 吃饭, 吵架, 休学, 跑步, 鼓掌, 洗澡, 理发 등)의 경우에는 주의하여야 한다. 학습자들은 "밖에는 눈이 오고 있다"을 중작할 때 "外面下雪着。"로 잘못 작문하는 경우가 많다. "外面下着雪呢。"로 고쳐야 한다.

*E*XERCISE

1 다음 문장을 중국어로 작문하시오.

1) 그는 나를 뒤돌아보면서 웃었다. [回头看]

➡

2) 그들 둘은 노래를 부르면서 집으로 갔다.

➡

3) 지금 밖에는 비가 오고 있으니 가지 마라.

➡

4) 그 여자는 지금 음악을 들으면서 빨래하고 있다. [洗衣服, 呢]

➡

2 틀린 곳을 바르게 고치시오.

1) 他关切地看我着说。

2) 我听音乐写作业。

3) 他对我笑说："你怎么知道的?"

4) 现在外面正下雨着呢。

5) 哥哥跟弟弟正在吵架着。

6) 她低头着不说一句话。

7) 他们鼓掌欢迎我们着。

8) 他喘气着对我们说："不好了! 小刘被车撞伤了!"。

47 그의 사진이 벽에 걸려 있다

'着'의 사용 여부

|작문하기| 挂 guà　墙 qiáng

|틀린 문장| 他的照片挂着在墙上。
Tā de zhàopiàn guàzhe zài qiángshang.

|왜 그럴까| 중국어의 동보구조에서 동사 뒤에는 '着'가 올 수 없다. 표제 문장에서 동사 뒤의 개사구조 '在墙上'은 동사 '挂'의 보어로만 사용되었기 때문에 '挂' 뒤에는 '着'가 올 수 없다. 동사와 개사구조로 충당된 보어 사이에는 어떠한 조사도 올 수 없다. 그러면 동사의 '지속'의 문법적 의미는 어떻게 나타내는가? 원래 중국어에서는 '在+장소어구'로 구성된 개사구조가 동사 뒤에 오면 그 자체가 동작 · 행위의 지속적 의미를 나타낸다. 예를 들면,

> - 一幅油画放在桌子上。Yì fú yóuhuà fàngzài zhuōzi shang.
>   (유화 한 폭이 탁자 위에 있다.)
>
> - 几个学生坐在老师的旁边。Jǐ ge xuésheng zuòzài lǎoshī de pángbian.
>   (학생 몇 명이 선생님 곁에 앉아있다.)

|모범작문| 他的照片挂在墙上。Tā de zhàopiàn guàzài qiángshang.

|보충설명| 그 외에 학습자들이 작문에서 흔히 범하는 오류는 '在+방위어구'의 '在'를 없앤 후 이것을 '동사+着' 뒤에 둔다는 점이다.

我把电视机放着桌子上。(×)

중국어에서 '동사+着'가 곧바로 장소 어구를 가지기 위해서는 이 장소 어구가 반드시 앞 동사의 受事目的语일 경우만 가능하다. 예를 들면, "他一直盯着楼上(그는 줄곧 위층을 주시하고 있었다)"에서 '楼上'은 동사 '盯'의 受事目的语이다. 따라서 위 문장은 다음과 같이 고쳐야 한다.

我把电视机放在桌子上。 Wǒ bǎ diànshìjī fàngzài zhuōzi shang.

1 다음 문장을 중국어로 작문하시오.

1) 그들 두 사람은 내내 함께 앉아 있었다. ['一直' 와 '一向' 의 차이]

➡

2) 우리들은 늘 잔디밭에 앉아 잡담하고 논다. [常常, 草地, 聊天]

➡

3) 그는 소파에 앉아 TV를 본다..

➡

4) 그들은 식사 후 침대에 누워 있었다. [躺]

➡

5) 그는 방에 들어가자마자 벽에 걸려 있는 사진을 보았다.
[一 ~ 就, 进屋, 看见]

➡

6) 그는 방금 세탁한 옷을 줄에 걸었다.
[刚, 洗好, 挂, '把' 자 구조, 绳子]

➡

2 틀린 곳을 바르게 고치시오.

1) 英姬坐着在海边沉思。

2) 他一声不响地躺着在那里，别人和他说话他也不理睬。

3) 他坐着汽车里看报纸。

4) 我喜欢躺着在床上看书。

48 나는 어제 너네 집에 갔었다

时态助词 '过'

|작문하기|

 →

|틀린 문장| **我昨天去你家。**
Wǒ zuótiān qù nǐ jiā.

|왜 그럴까| 이 문장에서 학습자가 표현하고자 한 내용은 과거에 있었던 일이다. 이 경우에는 시태조사 '过'를 사용하여야 한다. 작문 문제를 "나는 어제 너네 집에 간 적이 있어"에서와 같이 과거의 경험을 나타내는 '~한 적이 있다'로 제시할 경우 학습자들은 '过'를 쉽게 떠올리지만, '갔었다/갔었었다'로 제시할 경우 학습자가 '过'를 못 쓰는 경우가 많다.

|모범작문| **我昨天去过你家。** Wǒ zuótiān qùguo nǐ jiā.

|보충설명| 시태조사 '过'는 동사 뒤 목적어 앞에만 둘 수 있다. 학습자들은 문장 안에 '동사+목적어' 구조의 离合动词가 있을 경우 이 '过'를 목적어 뒤에 두는 오류를 많이 범한다.

- **以前我从来没跟她吵架过。**(×)
- **他一天也没有请假过。**(×)

이 두 문장의 '过'는 동사와 목적어 사이에 두어야 한다.

- **以前我从来没跟她吵过架。** Yǐqián wǒ cónglái méi gēn tā chǎoguo jià.
  (나는 전에는 그녀와 한번도 다툰 적이 없다.)

- **他一天也没有请过假。** Tā yì tiān yě méiyǒu qǐngguo jià.
  (그는 하루도 휴가를 낸 적이 없다.)

时态助词 '过' 는 주로 과거의 경험을 나타내지만 문장에서 동사 앞에 행위의 반복을 나타내는 '经常', '常常', '每天' 등과 같은 어구가 있을 경우 동사 뒤에 '过' 를 사용할 수 없다. 다음 문장은 모두 이러한 오류에 속하는 예로 '过' 를 삭제하여야 한다.

- 读小学的时候我经常去过他家。(×)
- 星期天我常常去过书店。(×)
- 那时我每天都读过唐诗。(×)
- 当时我每天卖过冰棍儿。(×)

*E*XERCISE

1 다음 문장을 중국어로 작문하시오.

1) 나는 이 영화를 본 적 있다.

➜

2) 나는 서울에 세 번 갔었다.

➜

3) 그 때 셰익스피어 연극 대본을 읽어보지 못했다.
[读, 莎士比亚, 剧本]

➜

4) 대학시절 나는 늘 고서점(古書店)에 가서 할인되는 책을 샀다.
[大学时代, 古籍书店, 减价书]

➜

5) 나는 여태껏 이런 말을 들어 본 적이 없다. [从来]

➜

2 틀린 곳을 바르게 고치시오.

1) 你以前去哈尔滨吗?

2) 这样的事发生不少。

3) 我没做饭过。

4) 当时我经常到过书店看书。

5) 那个节目经常播送过。

6) 当时我很穷, 每天只吃过两顿饭。

7) 我每天都用电脑写过文章。

8) 我在大学打乒乓球过。

9) 他只知道学习, 至今还没有谈恋爱过。

10) 我来中国一年了, 但我一次也没回韩国过。

49 나는 책을 책상 위에 두었다

'把' 자문

|작문하기| 放 fàng

➡

|틀린 문장| 我放书在桌子上。
Wǒ fàng shū zài zhuōzi shang.

|왜 그럴까| 현대중국어에서는 구조상 동사의 목적어가 비교적 복잡한 보어와 함께 동사 뒤에 오는 것을 허용하지 않을 때도 있다('주어＋술어＋목적어＋비교적 복잡한 보어'의 구조). 다음 예는 모두 틀린 문장이다.

- 他读了这篇文章一遍又一遍。（×）
- 老王介绍那里的情况非常清楚。（×）
- 他扔那封信到垃圾箱里了。（×）
- 大姐挂刚洗过的衣服在绳子上了。（×）

위 예는 반드시 '把' 자문의 구조형식을 취하여야 한다.

- 他把这篇文章读了一遍又一遍。
  Tā bǎ zhè piān wénzhāng dú le yíbiàn yòu yíbiàn.
  (그는 이 글을 읽고 또 읽었다. / 동사＋动量补语)

- 老王把那里的情况介绍得非常清楚。
  Lǎo Wáng bǎ nà li de qíngkuàng jièshào de fēicháng qīngchu.
  (왕씨는 그 곳 상황을 아주 자세하게 소개했다. / 동사＋得＋情态补语)

- 他把那封信扔到垃圾箱里了。Tā bǎ nà fēng xìn rēngdào lājīxiāng li le.
  (그는 편지를 쓰레기통에 집어 넣었다. / 동사＋개사구)

- 大姐把刚洗过的衣服挂在绳子上了。
  Dàjiě bǎ gāng xǐguo de yīfu guàzài shéngzi shang le.
  (큰 누나는 방금 세탁한 옷을 빨랫줄에 걸었다. / 동사＋개사구)

표제 작문에서 목적어 '书'를 동사와 개사구 사이에 두어 틀린 문장이 된 것이다. 동사와 개사구는 반드시 붙어 있어야 하기 때문에 '书'를 동사 앞으로 끌어내어 '把'자 구조를 취하여야 한다.

|모범작문| 我把书放在桌子上。Wǒ bǎ shū fàngzài zhuōzi shang.

|보충설명| '把'자문에서 개사 '把'의 작용은 동사가 지배하는 대상을 동사 앞으로 끌어냄으로써 동작의 결과를 강조하는데 있다. '把'자문의 구조상의 특징은 다음과 같다.

1 '把' 명사구 뒤의 동사는 타동사여야 하며 단일 동사(특히 단음절 동사)는 사용할 수 없다.

- 他已经把自行车卖了。Tā yǐjīng bǎ zìxíngchē mài le.
  (그는 자전거를 벌써 팔아버렸다. / 동사+'了')

- 你把介绍信带着。Nǐ bǎ jièshàoxìn dàizhe.
  (너는 소개장을 가지고 있어라. / 동사+'了')

- 你把桌子擦擦。Nǐ bǎ zhuōzi cāca. (탁자를 좀 닦아라. / 동사 중첩)

- 快把作业写好。Kuài bǎ zuòyè xiěhǎo. (빨리 숙제를 끝내라. / 동사+보어)

- 别把脏水到处泼。Bié bǎ zāngshuǐ dàochù pō.
  (구정물을 아무데나 뿌리지 마세요. / 부사어+동사)

2 동사는 일반적으로 '처치'의 의미를 가지고 있다. 동사는 적극적인 영향을 끼쳐 '把' 뒤의 명사(受事)를 관할할 수 있어야 한다. 따라서 판단동사('是'), 추향동사('进', '出'), '有/没有' 등은 '把'자문을 구성하는데 사용할 수 없다.

- 我们把黑板擦干净了。Wǒmen bǎ hēibǎn cā gānjìng le.
  (擦 — 黑板 / 우리는 칠판을 깨끗하게 닦았다.)

- 他把作业本撕了。Tā bǎ zuòyèběn sī le.
  (撕 — 作业本 / 그는 숙제장을 찢었다.)

3 '把' 뒤의 명사는 동사의 처치를 받는 한정성(definite, 定指) 단어여야 하며 비한정성 단어는 안 된다.

• **我把那本书借来了。**Wǒ bǎ nà běn shū jièlái le.

(나는 그 책을 빌려왔다. / 지시어 '那'를 사용)

我把一本书借来了。(×)

• **小王把自行车修好了。**Xiǎo Wáng bǎ zìxíngchē xiūhǎo le.

(왕군은 자전거를 다 고쳤다. / 청자와 화자 모두 어떤 자전거인지를 알고 있음)

小王把一台自行车修好了。(×)

4 '把' 뒤의 명사(구)와 이와 관련된 동사는 최대한 가까이 붙어 있어야 한다. 더욱이 부정부사나 조동사를 이들 사이에 두어서는 안 된다.

• **我没有把衣服弄脏。**Wǒ méiyǒu bǎ yīfu nòngzāng.

我把衣服没有弄脏。(×) (나는 옷을 더럽히지 않았다.)

• **你应该把这件事写出来。**Nǐ yīnggāi bǎ zhè jiàn shì xiě chūlái.

你把这件事应该写出来。(×) (너는 이 일을 글로 써내야 한다.)

그 외 '把 A 当(当作, 作为, 说成, 看作, 换成…) B'의 문형

• **别把我当作客人。**Bié bǎ wǒ dāngzuò kèrén.

(나를 손님으로 여기지 마라.)

• **我们应该把获得的成绩作为新的起点。**

Wǒmen yīnggāi bǎ huòdé de chéngjì zuòwéi xīnde qǐdiǎn.

(우리는 얻은 성과를 새로운 기점으로 삼아야 한다.)

• **她把手里的美元都换成人民币了。**

Tā bǎ shǒu li de Měiyuán dōu huànchéng Rénmínbì le.

(그녀는 수중의 달러를 전부 인민폐로 바꾸었다.)

*E*XERCISE

① 다음 문장을 중국어로 작문하시오.

  1) 그는 약을 물에 탔다. [放入]

  ➡

  2) 그녀는 영화표를 책상 위에 놓아두었다.

  ➡

  3) 그는 책가방을 (깜박 잊고) 차에 두고 내렸다. [书包, 落(là), 了]

  ➡

  4) 그녀는 차를 집 문 앞에 세웠다. [家门口, 了]

  ➡

  5) 폐지를 쓰레기통에 넣어 주세요. [废纸, 放, 垃圾箱]

  ➡

  6) 그녀는 방을 깨끗이 청소했다. [收拾]

  ➡

② 틀린 곳을 바르게 고치시오.

  1) 我就放信在我提包里了。

  2) 我摆花盆在窗台上了。

  3) 我写名字在黑板上了。

  4) 我扔烟头在走廊里了。

  5) 他们把老师讲的话没写下来。

  6) 我上午把两封信收到了。

  7) 你先把孩子送。

  8) 你把外语应该学好。

  9) 她刚把湿衣服脱。

  10) 大夫把她的病治。

  11) 请你离开的时候把门关。

  12) 邮递员今天把这些电报能送到吗？

  13) 我把你的电话号码应该记住。

  14) 我把花瓶没放在桌子上。

50 그는 선생님에게 야단 맞았다

'被'자문

|작문하기| 批评 pīpíng

 →

|틀린 문장| 他老师批评了。
Tā lǎoshī pīpíng le.

|왜 그럴까| 이 문장에서 화자가 표현하고자 한 것은 "선생님에게 야단맞다"의 피동 의미인데도 불구하고 이중주어문("그는 선생님이 야단쳤다"의 의미)을 사용하였다. 정확한 표현은 다음과 같다.

|모범작문| 他被老师批评了。Tā bèi lǎoshī pīpíng le.

|보충설명| 한국어로 문제가 주어지는 통제 작문 시험(복합문이나 단락이 아닌 단문)에서 학습자의 오류를 확인하기 어려운 것 중의 하나가 피동문이다. 겨우 부정부사나 조동사가 '被'자구 뒤에 잘못 놓이는 것을 확인하는 정도이다. 그것은 '被'자문을 유도해내기 위해 출제한 한국어 문장이 일상에서 사용하는 표현이 아니기 때문이다. 자연스러운 표현으로 출제했을 경우에도 학습자는 '被'자문이 아닌 다른 형식의 문장으로 바꾸어 표현하는 '회피전략'을 쓴다. 표제 작문에서도 학습자는 '被'자문에 자신이 없어서 이중주어문으로 바꾸어 표현하였다. 따라서 '被'자문의 오류 확인은 통제 작문보다 한국어로 문제가 주어지지 않는 자유 작문이 유리하다.

'把'자문과 마찬가지로 부정부사나 조동사는 '被'자 앞에만 올 수 있다. "他没被老师批评"으로 표현할 수는 있어도 "他被老师没批评"으로 표현할 수는 없다.

한국어 피동문은 구조적으로 보면 주어와 목적어의 위치가 바뀌고, 목적어 자리에 온 명사에는 '-에게'라는 조사가 붙고 동사 어간에 '이, 히, 리, 기' 등의 접미사가 온다. 그런데 한국어에서는 모든 타동사가 피동화되는 것은 아니다. 그밖에 '사랑하다 → 사랑 받다, 꾸중하다 → 꾸중듣다, 체포하다 → 체포되다' 등과 같이 '-받다, -되다, -맞다, -당하다' 등과 같은 피동어휘로써 피동문을 만들기도 한다.

- 마을 사람들은 그를 이장으로 뽑았다.
  그는 이장으로 뽑혔다.
- 철수는 영희를 설득하였다.
  영희는 철수에게 설득 당했다.
- 선생님이 학생들을 야단치셨다.
  학생들이 선생님에게 야단맞았다.

실제로 한국어에서 이렇게 능-피동 관계가 성립되는 문장은 얼마 되지 않는다. 한국어는 능동문 중심의 언어로 영어와는 달리 피동문이 훨씬 적게 쓰인다. 중국어에서도 모든 동사가 '被' 자문 구성에 참여할 수 있는 것은 아니다. 주로 다음 5가지 유형이 '被' 자문의 동사가 될 수 있다.

① '处置性' 의미 특징을 가진 동사
   ⇒ 打, 骂, 开除, 欺骗, …
② 대상에 미칠 수 있으면서 피동성 사유활동이나 심리활동을 갖춘 동사
   ⇒ 信任, 怀疑, 原谅, 宽恕, …
③ 두번째 성분이 '作', '成', '为'인 동사의 일부
   ⇒ 选作, 评为, 当作, …
④ 사역의 의미를 가진 동사의 일부
   ⇒ 请, 命, 指定, 禁止, …
⑤ 이중목적어를 가질 수 있는 동사의 일부
   ⇒ 告诉, 问, 授予, …

EXERCISE

1 다음 문장을 중국어로 작문하시오.

1) 나는 목을 모기한테 물렸어.
   [脖子, 蚊子, 咬 / 나는 목을 → 나의 목은]

   ➡

2) 시위대는 경찰에 의해 해산되었다. [游行队伍, 冲散]

   ➡

3) 어린 양이 호랑이에게 잡아 먹혔다.

   ➡

4) 소설은 그에 의해 연극 대본으로 각색되었다. [改编, 剧本]

   ➡

5) 우리들이 신청한 것이 허가되었다.
   [批准 / 우리들이 신청한 것 → 우리들의 신청]

   ➡

2 틀린 곳을 바르게 고치시오.

1) 他坏人打了。

2) 我狗咬伤了。

3) 弟弟三好学生评了。

4) 他一群孩子围住了。

5) 地上的树叶风刮走了。

6) 这孩子上课不守纪律，下课以后老师狠狠训了一顿。

7) 这里晚上蚊子很多，他蚊子咬得一宿没睡好觉。

8) 衣服雨淋。

9) 我去过中国，那时候对汉语迷住了。

51 우리는 중국어를 공부하러 중국에 왔다

목적을 나타내는 부사어의 위치

|작문하기| 为了 wèile

→

|틀린 문장| 我们来到中国为了学习汉语。
Wǒmen láidào Zhōngguó wèile xuéxí Hànyǔ.

|왜 그럴까| 목적을 표시하는 부사어를 중국어에서는 '为/为了/为着 + 목적어'의 형식으로
나타낸다. 이러한 목적 부사어는 다른 부사어와 마찬가지로 일반적으로 술어동사
앞이나 주어 앞에 온다.

> • 她为我花了很多钱。Tā wèi wǒ huā le hěn duō qián.
>   (그녀는 나 때문에 돈을 많이 썼다.)
>
> • 为了能早日通过四级外语考试，她每天早晨四点半就起床背英语单词。
>   Wèile néng zǎorì tōngguò sìjí wàiyǔ kǎoshì, tā měitiān zǎochén sì diǎn bàn jiù
>   qǐchuáng bèi Yīngyǔ dāncí.
>   (하루빨리 4급 외국어 시험에 통과하기 위해 그녀는 매일 아침 네 시 반에 일어나
>   영어 단어를 외운다.)
>
> • 为着孩子升学的事情她求了很多人，也花了很多钱。
>   Wèizhe háizi shēngxué de shìqíng tā qiú le hěn duō rén, yě huā le hěn duō qián.
>   (아이 진학문제로 그녀는 여러 사람에게 부탁했으며 돈도 많이 썼다.)

간혹 특수한 상황에서 목적 표시의 '为了~' 구조가 행위를 나타내는 절 뒤에
올 수도 있다. 예를 들면, "他每晚都到图书馆去读书到深夜，为了参加高考。
(그는 수능시험을 치르기 위해 매일 저녁 밤늦게까지 공부한다.")를 들 수 있다.

| |모범작문| | 我们为了学习汉语来到中国。
Wǒmen wèile xuéxí Hànyǔ láidào Zhōngguó.

为了学习汉语我们来到中国。
Wèile xuéxí Hànyǔ wǒmen láidào Zhōngguó.

| |보충설명| | 영어에서 목적을 나타내는 부사어는 '전치사 for+목적어'나 'to부정사'의 형식으로 나타낸다. 이들은 모두 술어동사 뒤에 온다. 학습자들은 영어문법의 영향으로 목적 표시의 부사어를 술어동사 뒤에 두는 경우가 많다.

중국어에는 목적 관계를 나타내는 복문이 있다. 앞 절은 행위를 나타내고 뒤 절은 행위의 목적을 나타낸다. 그리고 이 두 절 사이에는 쉼표를 사용한다. 여기서 관련 어구는 목적절에만 사용할 수 있다. 자주 쓰이는 관련어구로는 '以', '以便', '以求', '用以', '借以', '好', '好让', '为的是', '以免', '免得', '省得', '以防' 등이 있다.

① 我又和他讲了一遍，为的是让他能更充分地理解我的想法。
Wǒ yòu hé tā jiǎng le yíbiàn, wèideshì ràng tā néng gèng chōngfèn de lǐjiě wǒ de xiǎngfǎ.
(나는 그가 내 뜻을 충분히 이해할 수 있도록 다시 한번 더 그에게 이야기했다.)

② 你把意见整理一下，明天好交研讨会讨论。
Nǐ bǎ yìjiàn zhěnglǐ yíxià, míngtiān hǎo jiāo yántǎohuì tǎolùn.
(내일 세미나에 제출하여 토의할 수 있도록 의견을 정리하세요.)

③ 有事可以打电话来，省得你来回跑。
Yǒushì kěyi dǎ diànhuà lái, shěngde nǐ lái huí pǎo.
(왔다갔다 할 필요없이, 일 있으면 전화하세요.)

④ 我开车送你吧，以免你迷路。
Wǒ kāichē sòng nǐ ba, yǐmiǎn nǐ mílù.
(길 잃어버리지 않게 내가 차로 바래다줄게.)

⑤ 药要放在干燥的地方，以防受潮。
Yào yào fàngzài gānzào de dìfang, yǐfáng shòucháo.
(약은 습하지 않도록 건조한 곳에 두어야 해.)

⑥ 你先把材料写好，以便我们开会研究。

Nǐ xiān bǎ cáiliào xiěhǎo, yǐbiàn wǒmen kāihuì yánjiū.

(회의를 열어 연구해볼 수 있도록 먼저 원고를 작성해 놓으세요.)

번역은 중국어 어순에 맞추어 목적 표시를 나중에 번역할 수도 있지만 대체로 거꾸로 번역하는 방법으로 목적 표시를 먼저 번역한다. ⑤에서 목적 표시를 먼저 번역하면 "약은 습기가 끼지 않도록 건조한 곳에 두어야 한다"가 되고 원문의 구조대로 번역하면 "약은 건조한 곳에 두어 습기가 끼지 않도록 해야 한다"가 된다. 표제 작문을 목적 관계의 복문으로 바꾸면 다음과 같다.

我们来到中国，为的是学习汉语。

Wǒmen láidào Zhōngguó, wèideshì xuéxí Hànyǔ.

여기서 '为的是'는 뒷절에만 올 수 있다.

*E*XERCISE

① 다음 문장을 중국어로 작문하시오.

1) 착오를 없애기 위해서는 다시 한번 검사해 보는 것이 좋다.
   [避免, 差错, 一遍, '~이 좋다'(最好)는 동사 앞에 오는 부사어로 바꾸어 작문]

   ➜

2) 모두들 이 일로/때문에 기분이 좋았다.
   ['때문에', 동기 표시에도 '为'를 사용]

   ➜

3) 우리는 당신들을 지원하기 위해 인력을 빼돌렸다.
   [为了, 支援, 抽调人力]

   ➜

② 틀린 곳을 바르게 고치시오.

1) 他去了汉城为了接中国客人。

2) 我每天晚上都去学院为了学计算机。

3) 我今天不回家为了准备考试。

4) 我派车接你为了你能按时到达会场。

5) 他又去了一趟图书馆为办理借书证。

6) 你还是先检查一遍吧，为了半路出毛病。

52 내 첫째 여동생은 대학생이고 둘째 여동생은 고등학생이다

친족 항렬

|작문하기|

 →

|틀린 문장| 我的第一妹是大学生, 第二妹是高中生。
Wǒ de dìyī mèi shì dàxuéshēng, dì'èr mèi shì gāozhōngshēng.

|왜 그럴까| 한국어에서는 가족 장유 순서에서 첫째 형, 둘째 형을 가리킬 때 '첫째', '둘째' 라는 말을 사용하지만 중국어에서는 서수를 나타내는 '第' 를 쓰지 않고 친족 호칭 앞에 직접 수사를 덧붙인다. 그러나 항렬의 첫번째는 '一' 를 쓰지 않고 '大' 를 쓴다.

大爷 dàyé	二爷 èryé	三爷 sānyé
大奶 dànǎi	二奶 èrnǎi	三奶 sānnǎi
大叔 dàshū	二叔 èrshū	三叔 sānshū
大婶 dàshěn	二婶 èrshěn	三婶 sānshěn
大哥 dàgē	二哥 èrgē	三哥 sāngē
大姐 dàjiě	二姐 èrjiě	三姐 sānjiě
大弟弟 dàdìdi	二弟弟 èrdìdi	三弟弟 sāndìdi
大妹妹 dàmèimei	二妹妹 èrmèimei	三妹妹 sānmèimei

또한 항렬이 가장 낮거나 나이가 비교적 어린 친족은 '小', '老' 를 쓴다. 항렬이 가장 어린 '弟弟', '妹妹' 는 '小弟弟', '小妹妹(老妹妹)' 로 칭할 수 있다. 세 분의 삼촌 중 막내 삼촌을 뜻하는 '三叔' 는 '小叔', '老叔' 라 칭한다.

표제 작문에서 '第一妹'와 '第二妹'는 '大妹妹'와 '二妹妹'로 고쳐야 한다. 두 여동생만 있다면 '二妹妹'는 '小妹妹'나 '老妹妹'로 부를 수 있다.

|모범작문| 我的大妹妹是大学生, 二妹妹('小妹妹', '老妹妹')是高中生。
Wǒ de dàmèimei shì dàxuéshēng, èrmèimei ('xiǎomèimei', 'lǎomèimei')shì gāozhōngshēng.

1 다음 문장을 중국어로 작문하시오.

1) 내 둘째 형은 대학교수이고 셋째 형은 공무원이다. [二哥, 公务员]

➡

2) 저희 막내 삼촌은 어제 고향에 할아버지를 뵈러 갔습니다. [看望]

➡

3) 그 친구 둘째 여동생은 올해 대학에 합격했어. [考上]

➡

4) 제 큰 누나는 아이가 둘 있습니다. 큰 애는 여섯 살이고 작은 애는
   두 살입니다.

➡

2 틀린 곳을 바르게 고치시오.

1) 你老三妹妹刚才来找过你一次, 可你不在, 她就走了。

2) 你快去把你最小叔叔请来。

3) 她有两个女儿, 第一女儿现在在釜山工作, 第二女儿在汉城
   读研究生。

53 그는 새로 산 옷을 입었다

'관형어'와 '的'

|작문하기|

→

|틀린 문장| 他穿上了新买衣服。
Tā chuānshang le xīn mǎiyīfu.

|왜 그럴까| '관형어 + 중심어' 구조에서 관형어 뒤에 구조조사 '的'를 사용해야 할 경우가 있고 사용하지 않아도 될 경우가 있다. 비교적 복잡하지만 대체로 다음과 같은 규칙이 있다.

일반적으로 반드시 '的'를 사용해야 할 경우

1 구조 관계나 의미 관계를 구별하는 작용을 하는 '的'는 반드시 사용해야 한다.

父亲的母亲 Fùqīn de mǔqīn (偏正关系)

父亲母亲 Fùqīnmǔqīn (联合关系)

写的文章 Xiě de wénzhāng (偏正关系)

写文章 Xiě wénzhāng (动目关系)

我们的文艺工作者 Wǒmen de wényì gōngzuòzhě (偏正关系)

我们文艺工作者 Wǒmen wényì gōngzuòzhě (同位关系)

孩子的脾气 Háizi de píqi (소속을 표시)

孩子脾气 Háizi píqi (성질이나 속성을 표시)

위 예에서 '的'는 구조관계나 의미관계를 구별하는 작용에 쓰임을 알 수 있다. 앞 세 개의 예에서 '的'는 偏正关系(수식어+중심어)로 만약에 '的'가 없으면 각각 联合关系, 动目关系, 同位关系가 된다. 네번째 예의 '的'는 소속 관계와 비소속 관계를 구별하는 데 사용한다. 이 '的'는 일반적으로 마음대로 생략할 수 없다.

시태조사를 가진 동사가 관형어일 경우 '的'는 반드시 있어야 한다.

迟到了的人 Chídào le de rén (지각한 사람)

回去过的学生 Huíqùguo de xuésheng (되돌아갔던 학생)

迟到了人 (×)　　回去过学生 (×)

3 형용사의 중첩 형식이 관형어일 경우에 '的'는 반드시 있어야 한다.

干干净净的房间 Gāngānjìngjìng de fángjiān (깨끗한 방)

大大的眼睛 Dàdà de yǎnjing (큰 눈)

干干净净房间 (×)　　大大眼睛 (×)

4 쌍음절명사, 쌍음절동사, 쌍음절형용사가 단음절명사의 관형어일 경우 '的'가 반드시 있어야 한다.

北极的冰 Běijíde bīng (북극 얼음)

过去的事 Guòqùde shì (과거사)

北极冰 (×)　　　过去事 (×)

5 구 성분이 관형어로 쓰일 경우 일반적으로 '的'를 사용한다. 특히 구조가 비교적 복잡한 구일 경우 '的'를 없애면 구조가 성립되지 않는 경우가 많다.

非常新颖的设计 Fēicháng xīnyǐng de shèjì (매우 기발한 설계)

刚来的学生 Gāng lái de xuésheng (방금 온 학생)

非常新颖设计 (×)　　刚来学生 (×)

일반적으로 '的'를 사용할 수 없는 경우

1 중첩성분이 아닌 量词句가 관형어일 경우

一本书　　　　　三个问题

一本的书 (×)　　三个的问题 (×)

2 단음절 대명사가 단음의 친족호칭명사의 관형어일 경우

我叔 Wǒ shū	你姐 Nǐ jiě	他哥 Tā gē
我的叔 (×)	你的姐 (×)	他的哥 (×)

3 고유명칭의 성질을 가진 偏正구조가 하나의 단어와 같은 작용을 할 경우

烧茄子 Shāoqiézi (가지 볶음)	半瓶醋 Bànpíngcù (얼치기)
烧的茄子 (×)	半瓶的醋 (×)

'的'의 사용 여부가 상황에 따라 바뀌는 경우

1 단음절 형용사가 관형어로 쓰일 경우 대개는 '的'를 넣지 않는다.

新课本 Xīn kèběn (새 교과서)　　　**好主意** Hǎo zhǔyì (좋은 생각)

그러나 화자가 관형어의 묘사작용을 강조할 경우에는 '的'를 사용할 수 있다.
(문장은 주로 평행 격식을 이룸)

① 这是新的课本，那是旧的课本。
　　Zhè shì xīnde kèběn, nà shì jiù de kèběn.
　　(이것은 새 교과서고 그것은 이전 교과서다.)

쌍음절 형용사가 관형어로 쓰일 경우 '的'를 사용하는 경우가 많다. 특히 상태를 묘사하는 단어일 경우

② **晴朗的天** Qínglǎng de tiān (맑은 하늘)
　　干净的水 Gānjìng de shuǐ (깨끗한 물)

그러나 때론 문장에서 '的'가 많이 사용되는 것을 피하기 위해, 혹은 앞뒤 문장의 음절을 맞추기 위해 중의성이 발생하지 않는 상황에서 '的'는 사용하지 않을 수도 있다.

③ 穿红裙子的那个漂亮姑娘你认识吗?

Chuān hóng qúnzi de nà ge piàoliang gūniang nǐ rènshi ma?

(붉은 치마를 입은 그 아름다운 아가씨를 아니?)

2 명사가 관형어로 쓰일 경우 '的'의 사용 여부는 일정하지 않다. '的'를 사용하던 안 하던 간에 '관형어 + 중심어'의 관계를 나타낸다. '的'를 사용하지 않으면 전체 구의 결합이 아주 긴밀하게 된다. '的'를 사용하면 명사(관형어)의 수식성을 강조하게 된다.

- 木头 (的) 房子 Mùtou(de) fángzi (나무로 만든 집)
- 历史 (的) 事实 Lìshǐ(de) shìshí (역사적 사실)

단음절명사가 쌍음절명사의 관형어가 되거나 쌍음절명사가 단음절명사의 관형어가 될 경우 일반적으로 '的'를 쓰는 경우가 많다.

- 水的温度 Shuǐ de wēndù (물의 온도)
- 书的厚度 Shū de hòudù (책 두께)

3 인칭대명사가 관형어가 되어 소유자를 나타낼 경우 일반적으로 '的'를 사용한다.

- 你的书包 Nǐ de shūbāo (너의 책가방)
- 我的笔记本 Wǒ de bǐjìběn (내 노트)

그러나 문장 혹은 그 이상의 단위 안에서는 '的'를 사용하지 않을 수도 있다. 예를 들면, "她把你书包拿走了。(그녀가 네 책가방을 가져갔다.)" 그 외 중심어가 국가, 집단, 기관, 친족 등의 명칭일 경우에도 '的'를 사용하지 않을 수 있다.

- 我们国家 Wǒmen guójiā (우리나라)
- 你们学校 Nǐmen xuéxiào (너희 학교) · 他哥哥 Tā gēge (그의 형)

4 동사가 관형어가 되고 이 관형어와 중심어(명사)가 动目关系가 아닐 경우, '的'의 사용 여부는 일정하지 않다. '的'가 없으면 전체 구의 결합이 긴밀하고 '的'가 있으면 관형어의 수식성을 강조한다.

- 学习(的)态度 Xuéxí(de) tàidù (학습 태도)
- 广播(的)节目 Guǎngbō(de) jiémù (방송 프로그램)
- 使用(的)情况 Shǐyòng(de) qíngkuàng (사용 상황)

종합하면, '관형어 + 중심어' 구조에서 '的'의 작용은 두 가지로 나타난다. 하나는 偏正关系와 다른 관계를 구별하는 것이고, 다른 하나는 앞 어구가 가진 수식 성질이나 소속 성질을 강조하는 것이다.

표제 작문의 관형어 '新买'는 偏正构造(부사어 + 중심어)이기 때문에 그 뒤에 '的'를 첨가하여야 한다. 학습자가 "그는 새로 산 옷을 입었다"가 아닌 "그는 옷을 새로 사 입었다"라는 한국어 표현을 떠올리면서 작문할 경우 훨씬 많은 오류가 생긴다.

|모범작문| **他穿上了新买的衣服。**
Tā chuānshang le xīn mǎi de yīfu.

1 다음 문장을 중국어로 작문하시오.

1) 내 보기엔 그건 그다지 중요한 일이 아닌 것 같아. [认为, 什么]

　➡

2) 그는 만만찮은 사람이다. [是, 很不简单]

　➡

3) 지나간 일은 더 이상 이야기하지 마시오. [提, 了]

　➡

4) 이 책은 내 형 것이야. ["이것은 내 형 책이야"의 구조로]

　➡

5) 그가 우리 수학 선생님이야. [就是]

　➡

6) 우리 반에는 남학생이 20명이야. [名, 男同学]

　➡

2 틀린 곳을 바르게 고치시오.

1) 这个的书包我是在百货商店买的。

2) 为什么一个女的骑那么大车?

3) 这是一个多么好方法啊!

4) 她是我很好朋友。

5) 她已经把写好信寄出去了。

6) 她把织好毛衣又拆了。

7) 已经回去人又回来了。

8) 去了人还没回来。

9) 沈阳是中国最大重工业城市。

10) 公共汽车里有几类的人们。

11) 韩国也有多种的交通工具。

12) 我看到了一张通红脸。

13) 这是我笔记本。

14) 请不要坐她妹妹床。

54 나는 그 사람 앞 의자에 앉았다

명사의 장소화

|작문하기| 前面 qiánmian   椅子 yǐzi

|틀린 문장| 我坐在他前面的椅子。
Wǒ zuòzài tā qiánmian de yǐzi.

|왜 그럴까| 작문을 하다보면 '里', '上'과 같은 방위사는 참 외로운 단어라는 생각이 든다. 학습자의 관심을 전혀 받지 못하고 있기 때문이다. 기초 과정에서 학습자들에게 작문을 시켜보면 하나같이 방위사를 빠뜨리고 작문한다.

명사에는 그 자체가 장소의 성질을 가지는 것도 있고 가지지 않는 것도 있다. 장소의 성질을 가진 것은 '在'의 목적어로 그대로 사용할 수 있다.

> • 他在食堂吃饭。 Tā zài shítáng chīfàn. (그는 식당에서 식사한다.)
>
> • 他在公园等着你。 Tā zài gōngyuán děng zhe nǐ.
>   (그는 공원에서 너를 기다린다.)

그러나 장소의 성질을 가지고 있지 않고 단순히 물건이름을 표현하는 명사는 '在' 뒤에서 그대로 사용할 수 없고 '上'이나 '里'와 같은 장소를 나타내는 방위사를 첨가하여야 한다.

> • 他在黑板上写字。 Tā zài hēibǎn shang xiě zì. (그는 칠판에 글을 쓴다.)
>   他在黑板写字。 (×)
> • 他躺在沙发上。 Tā tǎngzài shāfā shang. (그는 소파에 누워 있다.)
>   他躺在沙发。 (×)

여기서 '黑板', '沙发'는 장소의 성질을 가지고 있지 않고 단순히 물건을 표현하는 명사이다. 따라서 표제 작문에서도 '椅子' 뒤에 '上'을 덧붙여야 한다.

| 모범작문 | 我坐在他前面的椅子上。
Wǒ zuòzài tā qiánmian de yǐzi shang.

| 보충설명 | 명사 뒤에 장소를 나타내는 방위사가 필요한지 안 한지에 대해서는 다음 세 가지
경우가 있다.

① 他在北京学习。Tā zài Běijīng xuéxí.
  他在北京里学习。(×) (그는 북경에서 공부한다.)
  위 예는 '里'가 있으면 틀린다.

② 他在学校工作。Tā zài xuéxiào gōngzuò. (그는 학교에서 일한다.)
  他在学校里工作。Tā zài xuéxiào li gōngzuò.
  위 예는 '里'가 있어도 되고 없어도 된다.

③ 他把书放在桌子上了。Tā bǎ shū fàngzài zhuōzi shang le.
  他把书放在桌子了。(×) (그는 책을 탁자 위에 두었다.)
  위 예는 '上'이 꼭 있어야 한다.

①에서 명사가 장소를 나타내는 고유명사, 즉 지명, 국명인 경우 '里/上'을 붙이면
안 된다. '韩国', '中国', '北京', '上海' 등이 이에 속하는 명사이다.
②는 단어 그 자체가 장소를 나타내는 의미를 포함하고 있는 경우. 여기에는 '图书
馆', '邮局', '办公室', '宿舍', '学校', '百货大楼', '车站' 등이 있는데 '里'를 붙여
도 되고 안 붙여도 된다. 하지만 '家'를 제외한 단음절 명사('城', '厂', '街' 등)에
는 '里/上'을 붙여야 한다. 또 '-子'가 있는 명사도 방위사가 있어야 한다. 예를 들
면, '屋子', '院子', '房子', '铺子' 등은 의미상 장소의 성질이 있는 것 같이 보이
지만 문법상 반드시 방위사가 있어야 한다.

③은 방위사가 있어야 하는 경우인데, '椅子', '桌子', '书架', '床', '书' 등과 같이 장소의 성질이 희박한 일반명사가 이에 속한다. 또한 신체 부분을 나타내는 명사도 방위사가 있어야 한다.

- **请拿在手里仔细看吧**。Qǐng ná zài shǒu li zǐxì kàn ba.
  (손에 쥐고 자세히 보세요)

- **他用手偷偷地在大腿上拧了一把**。
  Tā yòng shǒu tōutōu de zài dàtuǐ shang níng le yì bǎ.
  (그는 손으로 몰래 허벅지를 꼬집었다.)

그런데 인칭대명사 '你', '我', '他'에는 '这儿 / 那儿'를 붙여 장소화 해야 한다. 한국어로는 '-한테/-에게'로 번역한다.

- **下了课以后，我常常去老师那儿问问题**。
  Xià le kè yǐhòu, wǒ chángcháng qù lǎoshī nàr wèn wèntí.
  (수업을 마치고 나는 늘 선생님한테 가서 질문한다.)

- **我从他那儿借了两本书**。
  Wǒ cóng tā nàr jiè le liǎng běn shū.
  (나는 그에게 책 두 권을 빌렸다.)

EXERCISE

1 다음 문장을 중국어로 작문하시오.

1) 나는 오늘 서점에 책을 사러 간다.

➡

2) 그는 애인한테 간다. [他情人]

➡

3) 이 책임은 나한테 있다. [责任, 관념적 장소: 身上]

➡

4) 중국에는 한국 유학생이 많다.

➡

2 빈칸에 방위사가 필요 없는 경우에는 ×를, 필요한 경우에는 적당한 방위사를 넣으시오. 방위사가 있어도 되고 없어도 되는 경우에는 △를 넣으시오.

1) 我把书放在桌子＿＿＿。

2) 你晚上来吧，我在家＿＿＿等你。

3) 你把名子写在本子＿＿＿就不会丢了。

4) 我的帽子忘在屋子＿＿＿了。

5) 他在图书馆＿＿＿看书。

6) 他在北京一个贸易公司＿＿＿工作。

55 중국에 오기 전에 나는 한자를 하나도 몰랐다

'一~都/也+不/没有' 격식

|작문하기|

➡

|틀린 문장|
来中国以前我不知道一个汉字。
Lái Zhōngguó yǐqián wǒ bù zhīdao yí ge Hànzì.

|왜 그럴까|

"나는 한자를 모른다(我不认识汉字)"를 "나는 한자를 하나도 모른다(我一个汉字都不认识)"로 바꾸어 표현할 경우 중국어에서는 '一~ 都/也+不/没有' 격식을 사용한다. 여기서 '一'는 '任何'의 뜻을 나타낸다.

표제 작문과 같은 문장이 나타나는 이유는 모국어 규칙의 간섭을 받아서가 아니라 목표언어 규칙('一~ 都/也+不/没有' 격식)을 제대로 학습하지 못했기 때문이다.

> - 他一个字也没写。 Tā yí ge zì yě méi xiě.
>   (그는 글자를 하나도 안 썼다.)
>
> - 我一句话都没说。 Wǒ yí jù huà dōu méi shuō.
>   (나는 한마디도 안 했다.)
>
> - 他一个人也不认识。 Tā yí ge rén yě bú rènshi.
>   (그는 아는 사람이 아무도 없다.)
>
> - 这孩子一点礼貌都不懂。 Zhè háizi yìdiǎn lǐmào dōu bù dǒng.
>   (이 아이는 예의라고는 도무지 모른다.)

|모범작문|
来中国以前我一个汉字也(都)不认识。
Lái Zhōngguó yǐqián wǒ yí ge Hànzì yě (dōu) bú rènshi.

1 다음 문장을 중국어로 작문하시오.

1) 그는 책을 한 권도 안 샀다.

→

2) 그는 편지를 한 통도 안 봤다. [封]

→

3) 그는 중국에 도착하고 나서 나한테 전화를 한 통도 한 적이 없다.
[到 ~ 之后, 一个电话, 给, 过]

→

4) 너는 어째서 내 체면을 조금도 세워주지 않니?
[怎么, '给面子' 에서 '面子' 를 동사 앞에 둠, 一点]

→

5) 여기는 낯익은 사람이 한 사람도 없다. [熟人]

→

2 틀린 곳을 바르게 고치시오.

1) 他刚来不几天, 不认识一个人。

2) 我们一起拍了不少照片, 可是不知为什么没洗出来一张。

3) 这几天我没见过也一个朋友。

4) 这天儿真要命, 怎么都没有一点风?

5) 我问了他半天, 可他就是也不说一句话。

6) 他让我替他买五张电影票, 可是因为票太紧张, 我至今都没

买着一张票。

56 일이 있으면 언제든지 나를 불러라

'의문대명사 ~ 都/也 ~ 의 격식

|작문하기| 有事的话 yǒu shì dehuà   什么时候 shénmeshíhou

➡

|틀린 문장| 有事的话什么时候可以叫我。
Yǒu shì dehuà shénmeshíhou kěyi jiào wǒ.

|왜 그럴까| '의문대명사 ~ 都 / 也 ~' 의 격식에서 '都' 는 '총괄' 을 나타낸다. '말하는 범위
내에서는 예외가 없음' 을 나타낸다. 학습자들이 작문에서 '都' 를 빠뜨리는 이
유는 '都' 에 상응하는 대응 단어 '모두' 가 한국어에 나타나지 않기 때문이다.
때로는 조사 '-도' 에 의해 나타나기도 하지만.

---

① 谁认识他? Shéi rènshi tā? (누가 그를 아느냐?)
谁都认识他。 Shéi dōu rènshi tā. (누구나 그를 안다.)

② 什么动物不能捕杀? Shénme dòngwù bù néng bǔshā?
(어떤 동물을 잡아죽일 수 없니?)
什么动物也不能捕杀。 Shénme dòngwù yě bù néng bǔshā.
(어떤 동물도 잡아죽여서는 안 된다.)

③ 他去哪儿? Tā qù nǎr? (그는 어디 가니?)
他哪儿都去。 Tā nǎr dōu qù. (그는 어디든지 간다.)
他哪儿去。 (×)

④ 经理怎么说的? Jīnglǐ zěnme shuō de?(책임자가 뭐라고 말했지?)
经理怎么说都可以。 Jīnglǐ zěnme shuō dōu kěyǐ.
(책임자가 어떻게 말하든 상관없다. "任指"용법)
经理怎么说可以。 (×)

예에서 알 수 있듯이 '都/也'는 문장에서 큰 작용을 하기 때문에 함부로 생략할
수 없다. 생략할 경우 예 ①, ②처럼 문장의 의미가 바뀌거나 ③, ④처럼 비문법적
인 문장이 된다.

|모범작문| **有事的话什么时候都可以叫我。**
Yǒu shì dehuà shénmeshíhou dōu kěyi jiào wǒ.

1 다음 문장을 중국어로 작문하시오.

1) 아무도 이 문장의 뜻을 모른다. [文章(×) → 句子, 意思]

   ➜

2) 누구든지 들어갈 수 없다. [什么人]

   ➜

3) 그녀는 어느 곳이든 다 가보았다. / 그녀는 안 가본 데가 없다.

[过]

   ➜

4) 그 여자가 어떻게 말하든 상관없다. [行 / 可以]

   ➜

2

틀린 곳을 바르게 고치시오.

1) 你什么时候来行。

2) 她一进书店就什么书想买。

3) 他晚上看电视看到很晚，什么节目看。

4) 他这个人特别小气，谁不要想借他的东西。

5) 我年轻的时候什么活儿干过。

6) 他现在心烦，哪儿不想去。

57 그와 결혼하기를 원하는 사람은 없다

'有/没有'로 구성된 겸어문

|작문하기| 愿意 yuànyi

➡

|틀린 문장| 愿意跟他结婚的人没有。
Yuànyì gēn tā jiéhūn de rén méiyǒu.

|왜 그럴까| 다음 예는 '有/没有'를 사용한 겸어문이다. 주어가 있을 수도 있고 주어가 없는 무주어 겸어문의 형식일 수도 있다.

- 这位老太太有一个儿子当过市长。
  Zhè wèi lǎotàitai yǒu yí ge érzi dāngguo shìzhǎng.
  (이 노부인에게는 시장을 지낸 적이 있는 아들이 있다.)

- 外边有人找你。Wàibiān yǒu rén zhǎo nǐ. (밖에 누가 찾는다.)

- 有人跟我提起过这件事。Yǒu rén gēn wǒ tíqǐguo zhè jiàn shì.
  (누가 나에게 이 일을 제기한 적이 있다.)

이들 겸어문은 다음과 같은 형식으로 바꿀 수 있다.

> 有 / 没有 + 兼语 + 진술 부분 →
> 有 / 没有 + 관형어(원래 진술 부분) + 的 + 목적어(원래 兼语)

- 这位老太太有一个当过市长的儿子。
  Zhè wèi lǎotàitai yǒu yí ge dāngguo shìzhǎng de érzi.

- 外边有找你的人。Wàibiān yǒu zhǎo nǐ de rén.

- 有跟我提起过这件事的人。Yǒu gēn wǒ tíqǐguo zhè jiàn shì de rén.

그러나 바뀐 문장과 원래의 문장이 나타내는 뜻은 다소 차이가 있다. 겸어문에서 진술의 중점은 겸어 뒤의 진술 부분이고 바뀐 문장에서 진술의 중점은 존재하는 사람이나 사물이다. 따라서 문장 사용에서 어떤 형식을 취할 것인지는 화자의 전달 의도에 달려 있다. 겸어문을 한국어로 표현할 경우 '有/没有'에 대응하는 '있다/없다'는 문장 끝 부분에 놓인다. 그래서 학습자들은 중작에서 한국어 어순의 영향으로 '有/没有'를 문장 끝 부분에 두는 오류를 자주 범한다.

|모범작문| 没有人愿意跟他结婚。
Méiyou rén yuànyi gēn tā jiéhūn.

물론 '존재'의 의미를 강조하려면 다음과 같이 바꿀 수 있다.

没有愿意跟他结婚的人。
Méiyou yuànyi gēn tā jiéhūn de rén.

① 다음 문장을 중국어로 작문하시오.

1) 어떤 학생이 너를 찾는다. / 너를 찾는 학생이 있다.
  [무주어 형식('有的学生' 의 형식이 아님), 비한정 표지 '(一)个'를 사용]

  ➜

2) 나에게는 중국어를 할 줄 아는 친구가 있다. [一个]

  ➜

3) 그에게는 작년에 북경대학에 들어간 아들이 있다. / 그에게는 아
  들이 하나 있는데 작년에 북경대학에 들어갔어. [考上]

  ➜

4) 뒤쪽에서 몇 사람이 울기 시작했다. [哭起来]

  ➜

5) 그에게는 외국에 간 친구가 있다.
  [= 그는 친구가 한 명 있는데 외국에 갔다.]

  ➜

② 틀린 곳을 바르게 고치시오.

1) 他在北京工作的哥哥有。

2) 我在汉城工作朋友没有。

3) 跟他一起去的人没有。

4) 通知我的人还没有呢。

58 그는 내년에 졸업한다

'在'의 사용 여부

|작문하기| 毕业 bìyè

➔

|틀린 문장| 他在明年快毕业了。
Tā zài míngnián kuài bìyè le.

|왜 그럴까| 시점을 나타내는 명사 '今天', '现在', '上午', '上星期' 등은 일반적으로 개사 '在'를 덧붙이지 않고도 직접 부사어로 사용할 수 있다. 대부분의 문장은 시점 명사 앞에 '在'를 덧붙일 경우 틀린 문장이 된다.

- 他今天休息。Tā jīntiān xiūxi. (그는 오늘은 쉰다.)
  他在今天休息。(×)

- 据说他明年回国。Jùshuō tā míngnián huíguó. (그는 내년에 귀국한다면서.)
  据说他在明年回国。(×)

- 小王上午走的。Xiǎo Wáng shàngwǔ zǒu de. (왕군은 오전에 떠났어.)
  小王在上午走的。(×)

물론 일부 문장의 경우 시점명사 앞에 '在'를 덧붙여도 무방하다.

- (在)当时, 我真不知道说什么好。
  (Zài) dāngshí, wǒ zhēn bù zhīdao shuō shénme hǎo.
  (당시에는 뭘 말해야 좋을지를 몰랐다.)

- 我(在)晚上从来不喝咖啡。
  Wǒ (zài) wǎnshang cónglái bù hē kāfēi.
  (나는 저녁에는 커피를 마시지 않는다.)

그 외 구조가 비교적 복잡한 시간을 나타내는 구 앞에는 '在'를 사용하는 경향이 많다.

- 我在昨天下午三点半才知道他上午就来了。
  Wǒ zài zuótiān xiàwǔ sān diǎn bàn cái zhīdao tā shàngwǔ jiù lái le.
  (그가 오전에 왔다는 것을 나는 어제 오후 세시 반경에 알았다.)

- 火车在下午五点半到达。
  Huǒchē zài xiàwǔ wǔ diǎn bàn dàodá.
  (기차는 오후 5시 반에 도착한다.)

- 他在上课的时候总是搞小动作。
  Tā zài shàngkè de shíhou zǒngshì gǎo xiǎo dòngzuò.
  (그는 수업할 때 늘 가만히 있지 못한다.)

또 동사 앞에 여러 층의 부사어가 있을 경우 시점명사 앞에 '在'를 쓸 필요가 있다.

- 我按要求在晚上把行李给他送到车站。
  Wǒ àn yāoqiú zài wǎnshang bǎ xíngli gěi tā sòngdào chēzhàn.
  (나는 부탁받은 대로 저녁에 짐을 역으로 보냈다.)

위의 예에서 알 수 있듯이 시점명사가 부사어로 사용될 경우 '在'를 덧붙이지 않는 것이 일반적인 용법이며 '在'를 덧붙일 경우에는 제약이 뒤따른다. 기초가 부족한 학습자일수록 "我在学校吃饭"과 같은 격식의 '在+장소어'('장소어+에/에서')를 '在+시간어'에 확대 적용하는 경우가 많고, 한국어 '-에/-에서'에 무조건 "在"를 대입시키는 오류를 많이 범한다.

|모범작문| 他明年快毕业了。
Tā míngnián kuài bìyè le.

*E*XERCISE

1 다음 문장을 중국어로 작문하시오.

1) 나는 내일 수업하러 안 온다.

➜

2) 나는 오후에 학교에 간다.

➜

3) 그녀는 작년에 대학원 시험에 합격했다. [考研究生]

➜

4) 다음 주에 한번 왔다 가세요. [一趟, 吧]

➜

5) 그는 어제 병이 났어.

➜

2 틀린 곳을 바르게 고치시오.

1) 她打算在明年去中国。

2) 在三点我再来。

3) 你在现在就去吧。

4) 在明天我们开始期末考试。

5) 我在早上七点到的。

6) 在下午他来过电话。

59 나는 늘 공원에 산보하러 간다

연동문

|작문하기| 散步 sànbù

|틀린 문장| 我常常在公园去散步。
Wǒ chángcháng zài gōngyuán qù sànbù.

|왜 그럴까| ① 김철은 도서관에 가서 책을 두 권 빌렸다.

金哲在图书馆去借了两本书。(×)

② 나는 오후에 백화점에 쇼핑하러 간다.

下午我在百货公司去买东西。(×)

학습자들이 장소어 앞에 '来/去'를 사용하지 않고 '在'를 사용하는 오류를 범하는 이유는 목표어에서 목적 표시의 연동문 형식 '来/去＋장소어＋동사어'를 숙지하지 못한 데다가 한국어 '장소＋에/에서'에 목표어 '在＋장소어'를 무조건 대입시켰기 때문이다. ②의 경우 작문 문제를 "백화점에 물건을 사러 간다"가 아닌 "백화점에 가서 물건을 산다"로 낼 경우 장소어가 '가다'와 바로 붙어있기 때문에 '在'를 쓰는 오류는 훨씬 줄어든다. 연동문이 아니더라도 초기 학습 과정에서 기초가 부족한 학습자들 중에는 "나는 학교에 간다"를 "我在学校去。"로 틀리게 작문하는 경우가 많다. ①, ②는 "金哲去图书馆借了两本书。", "下午我去百货公司买东西。"로 고쳐야 한다.

|모범작문| 我常常去公园散步。
Wǒ chángcháng qù gōngyuán sànbù.

|보충설명| 중국어에서 연동문은 특수한 문형 중의 하나이다. 형식상의 특징은 두 개 혹은
두 개 이상의 동사(뒤의 것은 형용사일 수도 있음)가 연이어 있으며 문장 중간에
휴지가 없다. 또한 이 두 개의 동사는 동일한 주어를 진술한다.
자주 쓰이는 유형은 다음과 같다.

1 앞뒤 동사는 먼저 일어난 동작과 나중에 일어난 동작을 나타낸다.

- 他走过去打开了大门。Tā zǒu guòqù dǎkāi le dàmén.
  (그는 걸어가서 대문을 열었다.)

- 他穿上衣服走了。Tā chuānshang yīfu zǒu le.
  (그는 옷을 입고 갔다.)

2 뒤의 동사가 나타내는 동작은 앞 동사가 나타내는 동작의 목적을 나타낸다.

- 我去机场接你。Wǒ qù jīchǎng jiē nǐ.
  (내가 공항에 마중 나갈게.)

- 她打电话叫了一辆出租车。Tā dǎ diànhuà jiào le yí liàng chūzūchē.
  (그녀는 전화를 걸어서 택시를 호출했다.)

3 앞 동사가 나타내는 동작은 뒤 동사가 나타내는 동작의 방식으로 앞 동사
뒤에는 항상 조사 '着'가 있다.

- 中国人大部分都骑着自行车上班。
  Zhōngguórén dàbùfen dōu qízhe zìxíngchē shàngbān.
  (중국사람들은 대부분 자전거로 출근한다.)

- 服务员微笑着对我说："欢迎你们再来"。
  Fúwùyuán wēixiàozhe duì wǒ shuō: "Huānyíng nǐmen zài lái".
  (종업원은 웃으며 "또 오세요"라고 인사했다.)

4 앞 동사 부분이 '有+목적어'인 연동문

- 父母有责任抚养自己的子女。Fùmǔ yǒu zérèn fǔyǎng zìjǐ de zǐnǚ.
  (부모들은 자식을 부양할 책임이 있다.)

- 我没有时间看小说。Wǒ méiyǒu shíjiān kàn xiǎoshuō.
  (나는 소설책을 볼 시간이 없다.)

연동문에서 앞 술어 부분은 대부분 단일 동사가 아니고('来/去'는 예외) 목적어나 보어, 조사 '着' 등의 성분이 첨가된다. 뒤 술어 부분에는 이러한 제한이 없다.

*E*XERCISE

① 다음 문장을 중국어로 작문하시오.

1) 그는 내일 수업을 들으러 학교에 간다. [听课]

➡

2) 너는 언제 책을 반납하러 도서관에 가니? [还书]

➡

3) 그는 나한테 자주 놀러 온다. [我这儿 / 我那儿(×)]

➡

4) 나는 어제 기차역에 가서 침대칸 표를 세 장 샀다. [卧铺票]

➡

5) 우리 음악을 들으면서 이야기 하자. [咱们, 着, 聊天]

➡

6) 나는 너에게 알려줄 뉴스거리가 많다. [新鲜事, 告诉]

➡

② 틀린 곳을 바르게 고치시오.

1) 她在同学家去玩。

2) 我想在动物园去看动物表演。

3) 你打算在那里去看书。

4) 我在教室去等你。

5) 我最近很忙，看电视的时间没有。

6) 她笑对我们说：“以后常来玩。”

종합문제 & 모범답안

종합문제-❶

다음을 중국어로 작문하시오.

1. 나는 늘 그렇게 할 것을 주장해 왔다. [一向, 主张]

   ➡

2. 그는 어제도 집에 돌아오지 않았다. [回家]

   ➡

3. 차는 아직 다 고치지 못했다. [修好]

   ➡

4. 내가 그의 집에 갔을 때 그는 식사 중이었다. [的时候]

   ➡

5. 저 코트는 너무 비싸서 살 수 없다. [大衣, 不能买(×)→ 가능보어를 사용]

   ➡

6. 오늘은 비가 와서 그의 집에 갈 수 없다. [不能去×→ 가능보어를 사용]

   ➡

7. 이 일은 오늘 끝낼 수 있다. [能做完×→ 가능보어를 사용]

   ➡

8. 나는 중국어를 좀 배웠다. [一点儿]

   ➡

9. 그는 내일 여행에서 돌아온다.

   ➡

10. 나는 중국인에게 중국어를 배우고 있다.

   ➡

11. 나는 축구에 관심이 많다. [足球, 兴趣]

➜

12. 나는 당신을 위해 중국요리를 준비하겠다.

➜

13. 어제는 비 때문에 못 갔다.

➜

14. 개 한 마리가 뜰에 있다. [院子, 条]

➜

15. 그는 내일 북경에 가지 않기로 했다.

➜

16. 그는 500미터를 헤엄칠 수 있다. [游, 米]

➜

17. 당신은 내일 갈 수 있습니까?

➜

18. 설날에 나는 중국에 여행 갈 작정이다. [过年的时候]

➜

19. 우리는 다음주 일요일에 출발할 예정이다. [计划]

➜

20. 그는 벌써 점심을 먹었다.

➜

21. 우리는 벌써 3과를 배웠다.

  ➡

22. 어제 저녁에 나는 영화 한 편을 보았다. [一个]

  ➡

23. 내일 아침 식사 후 나간다.

  ➡

24. 어제 나는 영화를 보고 집에 갔다.

  ➡

25. 그는 이제 대학생이다.

  ➡

26. 그는 올 3월이면 졸업한다.

  ➡

27. 그는 3월말부터 출근한다. [三月底, 上班]

  ➡

28. 그는 너를 기다린지 1시간이나 되었다.

  ➡

29. 우리는 서로 안지 2년이나 된다.

  ➡

30. 그는 북경에 온지 1년 남짓 된다.

  ➡

31. 나는 5년 간이나 집에 가지 않았다.

➜

32. 나는 이제 중국 신문을 볼 수 있다.

➜

33. 나는 중국어로 편지를 쓸 수 있다.

➜

34. 그는 중국 요리를 잘 한다.

➜

35. 나는 지금 음악을 듣고 있다.

➜

36. 나는 영화를 보았다.

➜

37. 나는 그 영화를 보았다.

➜

38. 비행기가 북경에 도착했다.

➜

39. 비행기가 북경 서부에 있는 비행장에 도착했다. [西郊, 机场]

➜

40. 나는 너를 2시간이나 기다렸다.

➜

41. 그는 밥을 5인분 준비했다. [准备, 份儿]

➡

42. 저 바지는 너무 비싸서 살 수 없다. [裤子]

➡

43. 당신은 중국어를 몇 년 배웠습니까?

➡

44. 그가 중국에 간지 벌써 1년이 되었다.

➡

45. 나는 2년간 그를 보러 가지 않았다.

➡

46. 다음주에 우리는 비행기로 간다.

➡

47. 그는 나한테 자주 놀러 온다.

➡

48. 나는 중국 여행을 한다.

➡

49. 나는 이 문제를 해결할 방법이 있다.

➡

50. 나는 보험에 가입할 자격이 없다. [保险]

➡

51. 과장은 나보고 중국에 한번 다녀오라고 했다.

➡

52. 이번 실패로 그는 정말 실망했다. [失敗, 失望]

➡

53. 나는 회의를 마치고 식당에 밥 먹으러 간다.

➡

54. 매일 저녁 나는 신문을 다 읽고 나서 잔다.

➡

55. 그는 TV를 보고 있다.

➡

56. 그는 아직도 자고 있다.

➡

57. 나는 그와 좀 의논하고 싶다.

➡

58. 그는 자신의 이름조차도 쓸 줄 모른다.

➡

59. 그는 아무것도 모른다.

➡

60. 그는 결혼한 지 벌써 10년이 된다.

➡

61. 이 일을 누구에게도 말하지 않았다.

➡

62. 아무때나 와도 괜찮다.

➡

63. 나는 그와 함께 중국어를 공부했다.

➡

64. 그는 이전보다 몸이 더 튼튼해졌다.

➡

65. 지난주 일요일 그들은 전시회에 가지 않았다.

➡

66. 저녁에는 기숙사에서 잠을 잔다. [宿舍]

➡

67. 상해에는 인구가 얼마나 됩니까?

➡

68. 우리 이 문제 좀 토론합시다.

➡

69. 나는 중국어를 2년 배웠다.

➡

종합문제-❷

틀린 부분을 바르게 고치시오.

1. 우리는 지금 1시간째 기다리고 있다.

   我们等着一个小时。

2. 나는 매일 책을 읽는다.

   我每天看着书。

3. 나는 그에게 편지를 쓴 일이 없다.

   我给他没写过信。

4. 우리는 아직 3과를 안 배웠다.

   我们还没有学三课了。

5. 전에 그는 자주 우리 집에 놀러 왔었다.

   以前他常常到我家来玩儿了。

6. 어제 나는 영화를 봤다.

   昨天我电影看了。

7. 그는 오늘 오후에 올 수 없다.

   他今天下午不可以来了。

8. 그는 병이 다 나아서 걸을 수 있다.

   他病全好了，会走路了。

9. 나는 오늘 저녁에는 영화를 보고 싶지 않다.

   今天晚上我不要去看电影。

10. 나는 노트 5권을 샀다.

    我买了五个笔记本了。

11. 그는 중국어를 2년 간 배웠다.

他学了两年的汉语了。

12. 너는 숙제를 끝내고 나서 나한테 오너라.

你完了作业来找我吧。

13. 나는 그를 보러 북경호텔에 가려고 한다.

我要去北京饭店看见他。

14. 나는 이 책을 다 보지 못했다.

我把这本书没(有)看完。

15. 나는 공원을 산보한다.

我散步公园。

16. 나는 중국을 여행한다.

我旅行中国。

17. 나는 매일 8시간 잔다.

我每天睡觉八个小时觉了。

18. 그가 대학생일 때 중국어를 배웠다.

他是大学生的时候, 学了中文。

19. 우리는 그를 돕는데 동의했다.

我们同意了帮助他。

20. 우리는 방법을 강구해서 이 문제를 해결해야 한다.

我们想了办法解决了这个问题。

21. 그는 소파에 앉아 TV를 본다.

他坐着沙发上看电视。

22. 여기 온 후로 아파 본 적이 없다.

来到这里以后，我没生病过。

23. 그는 젊었을 때는 담배를 피우지 않았다.

他年轻的时候没吸烟。

24. 전에는 이곳에 비가 내리지 않았다.

以前这个地方没下雨。

25. 어제 너는 축구시합을 보았니?

昨天你看不看足球比赛？

26. 그들도 반대할 리가 없다.

他们都也不会反对的。

27. 나는 올해에 갔었고, 내년에 다시 한번 가려고 한다.

今年我去了，明年又要去一次。

28. 나는 오늘 영화를 보러 갔었다. 내일 또 가려고 한다.

今天我去看电影了，明天我又要去。

29. 이 옷은 내년 겨울에 또 입을 수 있다.

这件衣服明年冬天又可以穿。

30. 나는 무슨 요리든지 잘 먹는다.

什么菜我喜欢吃。

31. 당신 불만이 있으면 뭐든지 말하세요.

你有什么意见可以提。

32. 그는 나에게 편지를 한 통 보냈다.

他来了一封信给我。

33. 선생님은 늘 우리에게 관심을 가지신다.

老师经常给我们关心。

34. 오전 8시에 수업을 시작한다.

在上午八点，开始上课。

35. 이 학교에는 큰 도서관이 있다.

在这个学校有很大的图书馆。

36. 우리는 회의를 열어 문제를 토론하자.

我们开会把一个问题讨论。

37. 너는 중국어 방송을 알아 들을 수 있니?

你把中文广播能听得懂吗？

38. 그는 그 일을 아주 잘 알고 있다.

他把那件事知道得很清楚。

39. 나는 아직 편지를 다 쓰지 못했다.

我把这封信还没写完。

40. 이 공사는 몇 년이면 끝낼 수 있습니까?

这个工程可以完成几年？

41. 그는 글자를 예쁘게 쓴다.

他写字得挺漂亮。

42. 환자를 병원으로 보내세요.

你把病人到医院送去吧!

43. 그날 우리는 12시까지 공부했다.

那天我们到十二点钟学习。

44. 학생들은 모두 교실로 들어갔다.

学生们都进去教室了。

45. 그는 학교 운동회에 한번 참가한 적이 있다.

他一次参加过学校的运动会。

46. 매주 우리는 고대한어를 한번 학습한다.

每星期我们都学习古代汉语一次。

47. 나는 선생님과 한시간을 이야기했다.

我跟老师谈话了一个小时。

48. 그는 중국에 일주일간 가 있었다.

他去了一个星期中国。

49. 그는 전에 여행사에서 일했다.

以前他在旅行社工作了。/ 以前他工作在旅行社了。

50. 이 문장을 중국어로 번역하세요.

你把这个句子翻译中文。

51. 그들은 강당에 들어갔습니까?

他们进去礼堂了吗?

52. 나는 어제 왔다.

我是昨天来了。

53. 그는 중국어뿐만 아니라 영어도 할 수 있다.

不但他会说汉语, 还会说英语。

54. 그는 중국으로 돌아갔다.

他回去中国了。

55. 오늘 수업을 마치고 너한테 갈게.

今天下课了, 我就去找你。

56. 너는 이 과제물을 하루만에 끝낼 수 있니?

你把这个作业一天就做得完吗?

57. 나는 그 사람을 한번 본적이 있다.

我见过一次他。

58. 나는 그와 함께 가지 않았다.

我跟他一起没有去。

59. 너는 중국어를 몇 달 배웠니?

你几个月学了中文了?

60. 우리들은 김선생님에게 중국어를 배운다.

我们从金老师学汉语。

61. 나는 북경에 두 번이나 가 봤다.

我去过了两次北京。

62. 나는 어제 일이 바빴다.

昨天我工作很忙了。

63. 오늘 오후에 회의가 있다.

今天下午有开会。

64. 나는 그에게 만원을 빌렸다.

我从他借了一万块钱。

65. 탁자 위에 책이 많이 있다.

很多书在桌子上。

66. 어제 나는 백화점에 가서 물건을 샀다.

昨天我去了百货商店买了东西。

67. 그는 책을 많이 샀다.

他买了很多的书。

68. 여름 휴가기간 나는 여러 곳을 구경했다.

暑假我参观了很多的地方。

69. 그는 물건을 방안에 들여 놓았다.

他把东西到屋里拿去了。

70. 내일 다시 사진기를 돌려줄게. 그래도 되겠니?

我把照相机明天再还你，可以吗?

71. 우리 이 어려운 문제를 좀 토의합시다.

我们把这个困难的问题讨论吧。

72. 나는 여행에 가져가야 할 물건을 준비해야 한다.

我要把旅行需要带的东西准备。

73. 내 친구는 남경대학에서 공부한다.

我的朋友学习在南京大学。

74. 그는 도서관에서 책을 한 권 빌렸다.

他借了一本书在图书馆。

75. 나는 중국문학사를 2년 간 배웠다.

我学过了中国文学史学了两年。

76. 우리는 문자학을 배운지 벌써 6개월이 되었다.

我们学习文字学学习了已经六个月了。

77. 그는 학교 운동회에 여러 번 갔었다.

他很多次参加过学校运动会。

78. 그는 축구에 아주 관심이 많다.

他非常感兴趣足球。

79. 나는 아직 그를 만나지 못했다.

我还没有见面他。

80. 백두산에 가서 사진을 많이 찍었다.

白头山去照相了很多。

81. 우리는 술집에서 나와 영화관으로 갔다.

我们出来了酒巴以后去了电影馆。

82. 나는 많은 곳을 가 보았다.

我去过多地方。

83. 너는 중국어를 정식으로 배운 적 있니?

你有正式学过中国语吗?

84. 나는 자전거를 탈 줄 모른다.

我不会坐自行车。

종합문제-❸

틀린 부분을 고쳐 바른 문장으로 쓰시오.

1. 上海那几天一直下了雨。

   ➡

2. 我在北京把他见过一次。

   ➡

3. 今年比去年不热。

   ➡

4. 请把两本书递给我。

   ➡

5. 你昨天几点睡觉?

   ➡

6. 他们在北京学习了一个月半。

   ➡

7. 我很感兴趣中国的京剧。

   ➡

8. 他们都身体好吗?

   ➡

9. 书架的书都是他的。

   ➡

10. 我把那个电影喜欢看看。

   ➡

11. 吃饭完再走把。

➡

12. 这台电脑有点儿不贵。

➡

13. 北京从上海有多远?

➡

14. 我是跟他一起来了。

➡

15. 她给我买一条领带了。

➡

16. 我今天九点半才起来了。

➡

17. 他把那本书还没看完。

➡

18. 我每天九点工作开始。

➡

19. 我买了几支毛笔，也买了一张画儿。

➡

20. 我们先去看电影，以后去咖啡馆喝咖啡。

➡

21. 我放她的照片在桌子上了。

    ➜

22. 他游泳得不好。

    ➜

23. 我把眼镜找不到了。

    ➜

24. 你把我的地址知道吗？

    ➜

25. 王老师给我们教汉语。

    ➜

26. 我已经把这个成语故事学过。

    ➜

27. 你个子比我很高。

    ➜

28. 她要学德语学四年。

    ➜

29. 图书馆是体育馆的右边。

    ➜

30. 小时候，我常常去滑冰了。

    ➜

31. 在广场上坐着很多人。

➜

32. 他最近没有忙。

➜

33. 为了帮我找工作，老师谈话了我好几次。

➜

34. 昨天我去了百货商店买了一套西服。

➜

35. 他会说中国话一点儿。

➜

36. 开会完，我们去打网球吧。

➜

37. 我昨天刚从旅游回来。

➜

38. 她跑得比我很快。

➜

39. 明天上午有开会。

➜

40. 放了学，就我们去看电影吧。

➜

41. 他坐在椅子看电视。

    ➡

42. 我们从王老师学汉语。

    ➡

43. 我去过了两次香港。

    ➡

44. 我好几次打电话她了。

    ➡

45. 考试十点开始，他就八点到学校了。

    ➡

46. 这台录像机比那台很贵。

    ➡

47. 明天下课了，我就去找你。

    ➡

48. 他锻炼从五点到六点。

    ➡

49. 她以前没喝酒。

    ➡

50. 我是前天来了。

    ➡

51. 你还把药没吃完呢?

   ➜

52. 一张画儿挂着房间里。

   ➜

53. 他们进去礼堂了吗?

   ➜

54. 老师让我们把这段文章翻译英文。

   ➜

55. 他躺着床上看书。

   ➜

56. 他不在听录音。

   ➜

57. 他从来不去过中国了。

   ➜

58. 我想留学加拿大。

   ➜

모범답안

1.1) 校长，您多大岁数结婚的?

2) 大学教授多大岁数退休?

3) 韩国人一般十几岁(=多大岁数)上大学?

4) 你的女朋友多大了?

1.1) 两　　　2) 二　　　3) 两　　　4) 两

5) 二　　　6) 两　　　7) 两　　　8) 两，二

2.1) 他有两个哥哥和两个妹妹。

2) 我二姐去过两次中国，我一次也没去过。

3) 你二叔不是在中学做过两年校长吗? 你可以求他帮忙嘛。

4) 你去给我买一斤猪肉，另外再买二两白酒和两包香烟。

5) 昨天晚上我们两个人一共喝了二两白酒和两瓶啤酒。

1.1) 我一点半从学校回来的。(o)

2) 他已经走了半钟头了。(x) 半钟头→ 半个钟头

3) 我们学校开学已经有半月了。(×) 半月→ 半个月

4) 他半年没回家了。(o)

5) 他哥哥当兵刚一月半。(x) 一月半→ 一个半月

6) 我回来已经两小时半了。(x) 两小时半→ 两个小时半

2.1) 一个半小时就到家了。

2) 英姬回去两个半月了吧?

3) 他写一封信用了两个小时(的时间)。

4) 我就剩一个半月的时间了。

1.1) 他有点儿糊涂。

2) 今天我有点儿不放心。

3) 今天天气有点儿不好。

4) 出租车费用有点贵。

5) 学校离我(的)家有点远。

2.1) 有　　　2) 一　　　3) 一

3.1) 我今天比较高兴。

2) 他现在有点难受。

3) 她长的比较好看。

4) 班长有点生气了。

5) 学校离家有点远。

6) 他经济上有点困难。

42P **5**

1. 1) 今天特别冷，你最好(再)穿一件衣服。

   2) 上个礼拜他(又)感冒了。

   3) 你不是说不来了吗？ 怎么今天(又)来了？

   4) 今天来不及了，明天(再)回答大家的问题吧。

2. 1) 看完电影再走吧，好不好？

   2) 为了答谢大家的好意，她又唱了一首歌。

   3) 我又等了半天，可是她还是没来。

   4) 你明天再来一趟吧！

   5) 人们的消费水平越来越高，物价又上升了。

   6) 他念错了，又念了一遍。

   7) 老师，我没听清楚，请再说一遍。

45P **6**

1. 1) 来中国的目的是什么呢？

   2) 我看他们是中国人。

   3) 我们都是好朋友。

   4) 他不是足球运动员。

2. 1) 我住的地方是比较大的城市。

   2) 他们俩是很好的朋友。

   3) 在中国利用率最高的是自行车。

   4) 自行车也是一种很好的交通工具。

   5) 公共汽车是很方便的交通工具。

48P **7**

1. 1) 我也是从那个学校毕业的。

   2) 我也和那个人握手了。

   3) 听说你父亲住院了，是吗？

   4) 我还没有和她见面。

   5) 我想去中国留学。

   6) 我去中国旅行。

   7) 我帮助他。

2. 1) 我后来和他结婚了。

2) 他已经从专科学校毕业了。

3) 我从开学到现在，一直没和他见过面(＝"一直没有见过他的面")。

4) 他现在不在韩国，他正在欧洲旅游。

5) 今天晚上我去见朋友。

6) 我要上初级汉语课。

7) 我要录她唱的那首歌。

8) 我每天在公园散步。

9) 今天金哲请了我一顿。

10) 我想以后再到中国留学学习中文。

11) 我总不听大人的话。

12) 1978年我上了大学。

50P *8*

---

1. 1) 我经常回家看望父母。

2) 我想学习汉语，所以进中文系了。

3) 我们从书店出来以后去了电影院。

4) 他上个月才回到韩国。

2. 1) 忽然看见一条鱼跃出水面来。

2) 他快要从拘留所出来了。

3) 你什么时候回中国(去)？

4) 他把车开回家去了。

5) 他大概明天回家(来)。

6) 学生们都进教室去了。

53P *9*

---

1. 1) 毕业以后，我打算考研究生。

2) 这部电影到欧洲拍摄，花了很多钱。

3) 昨天吃了北京菜，很好吃。

4) 他一个人喝了两瓶白酒。

2. 1) 英姬去图书馆了。

2) 我说汉语的时候很紧张。

3) 他什么时候离开汉城？

4) 你一定来参加晚会啊！

5) 我最喜欢的季节是春天，但是我也喜欢冬天。

6) 你中秋节见朋友了吗？

1. 1) 妈妈要求她的儿子不要学抽烟。
   2) 他已经考完试了。
   3) 你和他联系了吗？
   4) 我昨天就交了作业。
   5) 我希望你成功。(=我祝你成功。)

2. 1) 哥哥结婚了。
   2) 我们还进行各种比赛。
   3) 我觉得我们家孩子太多。
   4) 他希望我成为更加努力学习的学生。
   5) 老师要求学生每天做作业。
   6) 我要求你亲自完成这项任务。
   7) 他希望老渔民回去以后努力工作。

1. 1) 我想这次会议意义非常深远。
   2) 弟弟个子很矮。
   3) 过了几天，他真的离开这里了。
   4) 他这么一说，我就失望了。
   5) 一下课，我们就去了书店。
   6) 我们明天也休息。
   7) 他今天也起得早。
   8) 我特别喜欢中国电影。

2. 1) 到杭州时，太阳已经落下去了。
   2) 我到学校的时候，他已经走了。
   3) 我们已经交往了七年左右。
   4) 个子大概是一米七十。
   5) 他已经工作了三年。
   6) 其中最快的当然是飞机。
   7) 他对我很好，我也对他很好。
   8) 那个人心眼非常不好。
   9) 我已经是大学三年级的学生。

1. 1) 金哲去过两次釜山。
   2) 上午就找过你两次了。
   3) 你去了几趟釜山？
   4) 我已经读了两遍。
   5) 他已经写了两次。

2. 1) 他去年回了一次国。
   2) 他看了我一下儿，没有说话。
   3) 她每星期给家里打一次电话。
   4) 每个星期他们来这里做三次礼拜。
   5) 我去了两次汉城。
   6) 我参加了三次讨论会。
   7) 来中国以后，我去了两次长城。
   8) 他看过很多次中国电影。

1. 1) 我们已经学了四年汉语了。
   2) 衣服找了半天也没有找到。
   3) 我跟他谈了好长时间的话。
   4) 他等了我半个小时。
   5) 从西门进去，大概走十五分钟。
   6) 星期日金哲整整买了一天东西。
2. 1) 他看三个小时电视了。
   2) 他打了三个钟头的球。(=他打球打了三个钟头。)
   3) 我在中国留学了一年。
   4) 金哲病了两天了，没来上课。
   5) 我已经感冒一个星期了。
   6) 他已经住了三个礼拜的院了。(=他住院住了三个礼拜了。)
   7) 他已经病了三四天了。
   8) 爷爷已经死了三年了。

1. 1) 不管他怎么说，别人都不相信。
   2) 即使你不来，我也不会怪罪你。
   3) 只要你肯帮助我，我就答应你的条件。
   4) 既然他已经承认自己的错误，你就别再说他了。
2. 1) 我去找他的时候，他还在睡觉。
   2) 不但金哲去了，英姬也去了。
   3) 如果他不同意，我就不去了。
   4) 她不但很漂亮，而且心眼也好。

1. 1) 朋友的儿子没考上大学，太遗憾了。
   2) 我期末考试没考好，我很难过。
   3) 昨天晚上发烧了，一夜没睡好。
   4) 最近不太冷吧?
   5) 你别去那种地方。
   6) 我还没去过北京。

7) 他还没做完作业。

8) 他昨天没洗完衣服。

9) 老师不让我参加汉语演讲比赛。

2.1) 现在他在军队服兵役，我不知道他的性格变没变。

2) 你明天别去见他，那个人对你不合适，以后我给你介绍一个好的。

3) 他前天没来上课，因为他病了。

4) 你今天几点回家？— 我今天不回家，想在学校学习。

5) 他都还没做完作业。

6) 他买不起这么贵的衣服。

7) 他没让我进去。

8) 我不让他买衣服。

9) 我没看过中国电影。

75P 16

1.1) 他们也没仔细地告诉我，我只好回来了。

2) 我也没有大胆地跟她说上话。

3) 别这么大声地对我喊叫。

2.1) 他没很认真地读书。

2) 他不好好吃饭。

3) 因为金哲不努力(地)工作，所以他被老板辞退了。

4) 他没热情地接待我，我很生气。

77P 17

1.1) 我们互相谈了自己的学校生活。

2) 他向我们介绍了公司目前的运营情况。

3) 请你谈谈今后的打算。

4) 他和我们讲了他去中国时所经历的事情。

5) 最近看了一些关于国际问题的资料。

6) 我想再说几句运输问题。

2.1) 我想谈一谈我的一次乘车的经历。

2) 我想谈一谈前年的寒假生活。

3) 我要讲讲我们国家的交通问题。

4) 他和我们讲了国内的情况。

80P 18

1.1) 她人很聪明，性格也很好。

2) 他去过美国，还去过英国，就是没去过中国。

3) 他的毛笔字写得非常好，听说他还是市书法学会的会员。

2．1) 公共汽车最便宜，并且哪儿都能去。

2) 他是韩国人，学了两年汉语，而且还学英语。

3) 我的国家道路很少，并且路很窄。

4) 他汉语说得很好，而且还会说韩国话。

82P *19*

1．1) 他念高中时去过中国。

2) 我去工厂参观过。

3) 他很早就关心中国。

4) 好象我也看过那本书。

2．1) 去年我去过中国。

2) 你了解过那里的情况吗?

3) 他说过这样的话吗?

4) 我去年住过一次院。

84P *20*

1．1) 我在中国呆了三年了。

2) 我1967年生于台湾。

3) 他在韩国工作三年零五个月了。

4) 你在美国住了几年了?

2．1) 这个公司在釜山成立了半年了。

2) 我农历1976年6月27号出生在广州。

3) 以前他在台湾住了两年。

4) 他一共在中国生活了两个月。

86P *21*

1．1) 以后我再来。

2) 吃完饭以后我们就去了练歌房。

3) 你以后别去那种地方了。

4) 大学毕业以后他去了中国，后来我们就再也没见过面。

5) 这件事以后我再告诉你。

2．1) 以后我一定去中国留学。

2) 他毕业后就找到了工作。

3) 以后别给我写信了。

4) 我从今以后一定要努力学习汉语。

89P *22*

1．1) 谁告诉你的这件事?

2) 你在哪儿买的大衣?

3) 我和小崔去借的钱。

4) 谁开的门?

2. 1) (你在哪儿买的这件衣服?) — 我在市场买的这件衣服。

2) 昨天谁借你的钱? — (小赵借我的钱。)

3) 他昨天在外边吃的饭。

4) 你昨天在哪个电影院看的电影? — 我在光明电影院看的电影。

92P **23**

1. 1) 我的发音不如她好。

2) 我的书不比他多。

3) 大学生活不比别的生活轻松。

4) 今天来的人不比昨天多。

2. 1) 这个不比(="不如")那个便宜。(=这个没有那个便宜。)

2) 我的汉语水平不比(="不如")他好。(=我的汉语水平没有他好。)

3) 十年前不如(="不像")现在这么严重。(=十年前没有现在这么严重。)

4) 我的书不比(="不如")他多。(=我的书没有他多。)

95P **24**

1. 1) 你和他见面了吗? — 见面了。

2) 他什么时候来的? — 昨天晚上来的。

3) 他去过釜山吗? — 去过。

4) 你刚才去了哪里? — 去了图书馆。

5) 你什么时候买的彩票? — 我上礼拜买的。

2. 1) 你看见王老师了吗?- 看见了。

2) 他什么时候来的?- 他前天来的。

3) 你昨天去了吗?- 我昨天去了。

4) 你去过中国吗?- 我去过中国。

5) 你去了哪里?- 我去了百货商店。

98P **25**

1. 1) 从洞里跑出来一只兔子。

2) 从北京来了一封信。

3) 从家到学校要走五分钟。

4) 他刚从学校回来。

2. 1) 从家到学校要坐一个半小时的公共汽车。

2) 他从商店回来了。

3) 他从书包里抽出一本书给我。

4) 他从图书馆借来了两本小说。

100P **26**

1. 1) 这次旅行我认识了很多人。

2) 他积累了很多经验。

3) 图书馆里有很多外文书籍。

4) 我这儿有很多书，你看哪本?

5) 这本书有很多难懂的句子。

6) 星期天商店里有很多人。(星期天商店里人多)

2. 1) 上班时间路上有很多车。

2) 上星期天有很多朋友到他家来玩。

3) 我没有很多话要说。

4) 他去过很多国家。

5) 他用很少的钱买了一辆自行车。

6) 我的钱包里只剩了很少的钱。

7) 我来这儿的时间不长，很多事情都非常顺利。

8) 他很有名，只有很少的人不认识他。

9) 他的病不重，吃了很少一点药就好了。

27 103P

1. 1) 他读完了那本小说。

2) 他写错了三个字。

3) 他这几天被折腾瘦了。

4) 医生把他救活了。

2. 1) 信写完以后就马上寄出去吧。

2) 天太黑了，她离我又远，我没看清是谁。

3) 我终于来到北京，真高兴。

4) 他的记性很好，每天学的单词他都能记住。

3. 1) 到 / 上　2) 到　3) 完　4) 见　5) 住, 到

28 106P

1. 1) 他今天比昨天睡得晚。

2) 汉语他说得很流利。

3) 他做菜做得很好。

4) 他今天走得很早。

2. 1) 饭做得太少了。

2) 我今天起得很晚。

3) 这个菜做得太咸了。

4) 这个切得太短了。

5) 他讲得非常好。

6) 英姬(唱歌)唱得非常好。

7) 你骑自行车骑得快不快?

8) 雨下得很大，你要慢点儿走。

9) (吃饭)吃得太快不好，应该慢点儿吃。

10) 车开得很慢，因为路上人很多。

3. 1) 他在英国留学了三年，所以他的英语说得(很流利)。

2) 他是一个书法家，他的字写得(很好)。

3) 她的记忆力非常好，十年前的事情他都记得(很清楚)。

4) 我的嗓子都疼得(不能说话了)。

5) 她的房间总是收拾得(很干净)。

111P 29

1. 1) 早晨五点钟就出发，我起不来。

2) 这饭太多了，我吃不了。

3) 作业留了很多，肯定半天也写不完。

4) 这件衣服太贵了，我买不起。

3. 1) 我是哪国人，你猜得(着)吗？

2) 这个箱子真重，我一个人搬(不动)。

3) 听说这种词典卖得很快，明天去还买得(着)吗？

4) 车上人太多了，下边的人挤(不上来)。

5) 这本书太大，书包太小，放(不下)。

6) 黑板上的字写得太小了，后边的人都说看(不清楚)。

2. 1) 这本书太厚，我两天看不完。

2) 从这儿看不见大邱。

3) 酒太多了，我喝不完。

4) 我的中文水平不高，中文报还看不懂。

114P 30

1. 1) 他连什么时候交作业都忘了。

2) 连他都没考好。

3) 他连假期也要去补习班听课。

4) 足球比赛他连看都不愿意看。

2. 1) 这本书连老师都(="也")看不懂。

2) 我爸爸连问都(="也")不问。

3) 这几天我很忙，连休息的时间都(="也")没有。

4) 他家我连一次都(="也")没去。

117P 31

1. 1) 他只和我讲了这件事。

2) 你去和他们商量一下吧。

3) 这和我有什么关系？

4) 他的个人兴趣和我大不相同。

5) 他常常跟我说汉语。

2. 1) 你最好和他说一声。

2) 和爸爸一起去的人都回来了，就爸爸没回来。

3) 他已经和他哥哥一样高了。

4) 我要和他一块去。

5) 我至今还没和他见过面。

6) 他就和我说过一次。

7) 谁也不和他一起去。

8) 这事和我有何相干。

121P 32

1. 1) 这本书是我上个星期买的。

2) 是他说的。

3) 这件事情是很复杂的。

4) 我是去年来韩国的。

2. 1) 你不用担心了，他们对我是很友好的。

2) 你快点给家里打个电话吧，不然你妈会很着急的。

3) 别问了，是我打碎玻璃的。

4) 这件大衣是我年轻的时候穿过的。

3. 1) 他是昨天去汉城的。

2) 那个花确实是挺好看的。

3) 他是在北京出生的。

4) 是谁对你讲那件事的？

5) 他是最爱吃葡萄的。

125P 33

1. 1) 他没去过韩国。

2) 我昨天没去看电影。

3) 他今天早上没吃饭。

4) 我以前没有学过汉字。

2. 1) 你没去过汉城吗？

2) 他还没吃过韩国的烤牛肉。

3) 昨天学校事情很多，所以我没回家。

4) 我昨天没去过他家。

5) 他没给家里打电话，他妈很着急。

6) 这件大衣我以前从没见过。

3. 1) 你(别)去(了)。

2) 我从来(没)说过这种话。

3) 我至今还没去(过)中国。

4) 明天我(不)去了，家里有点事情要办。

5) 别扔(了)，留着有用。

1. 1) 他对我很好。

   2) 我对他不太了解。

   3) 我对他有点意见。

   4) 别对他讲这件事。

   5) 他问我两个问题了。

   6) 小王已经告诉我考试日期了。

2. 1) 你为什么对他说让他难过的事情呢？

   2) 我已经对他说过我今天晚上不能参加同学聚会了。

   3) 对谁发牢骚也没用，只能靠自己去干。

   4) 她还没对她妈妈说。

   5) 我问他一个问题。

   6) 我告诉王先生这个消息了。

3. 1) 你(对)谁都一样好。

   2) 请你再(给)我解释一遍。

   3) 我从来就没(对)他说过这种难听的话。

   4) 到北京后别忘了(给)我来封信。

   5) 我借(给)他一本书。

   6) 他正在(给)学生做辅导。

   7) 请(给)我来一封信，好吗？

   8) 你(给)我把作业写完再玩！

   9) 自行车已经(给)他修好了。

   10) 总经理(对)谁都那么严厉，大家都不敢和他说话。

1. 1) 他比我强得多。

   2) 虽然我现在是二年级，但是我的汉语水平比起别的同学差多了。

   3) 我觉得这个学期比上个学期忙得多。

   4) 他说韩国菜比中国菜更好吃。

2. 1) 我比他差多了。

   2) 这个教室比那个教室更大。

   3) 多吃蔬菜比多吃肉好。

4) 他比我吃得多。

5) 他的考试成绩比别人差多了。

6) 他比我唱得好多了。

3. 1) 你(比)谁都好。

2) 我比他们强(多)了。

3) 我的朋友比他的朋友(更/还)多。

4) 多吃水果比(多吃)肉好。

138P **36**

1. 1) 他来的时候我正在吃饭。

2) 在大学学习的时候我还不认识她。

3) 写作业的时候别看电视了。

4) 今年放寒假的时候我想去一趟中国。

2. 1) 走的时候(="走时")叫我一声。

2) 我在家里看电视的时候(="我在家里看电视时")听到外面有人在大声喊叫。

3) 这时候(="这时")我还没起床。

4) 我说话时(="我说话的时候")你要注意听。

140P **37**

1. 1) 他去了很多次汉城。

2) 这篇文章我写了很多遍。

3) 我在汉城期间和他见了很多次面。

4) 他家我去过很多回(="很多次")。

2. 1) 我们俩经常见面。(="我们俩见过很多次面。")

2) 他考试没考好，哭过很多次。

3) 我已经失败过很多次。

4) 我去过釜山很多次。

143P **38**

1. 1) 墙上挂着一幅画。

2) 他家来了许多客人。

3) 这条河里有很多鱼。

4) 牛圈里跑了一头牛。

2. 1) 桌子上有几本杂志。

2) 东边来了两个人。

3) 桥上站着一个人。

4) 这个学校有一个很大的图书馆。

5) 教室里没有学生。

6) 冰箱里边有很多水果。

7) 轮船上有两个人下去了。

8) 树上飞过来一只喜鹊。

1. 1) 我一向主张这么做。

   2) 我到他家的时候，他正在吃饭。

   3) 小时候我经常去他家玩。

   4) 来韩国以后他总是给家里打电话。

   5) 他以前常常来看我哥哥。

2. 1) 我在上大学的时候常常参加篮球比赛。

   2) 我这几天感冒了，老流鼻涕。

   3) 他每年都去国外过一段时间。

   4) 里边正在开会，我没进去。

   5) 我们经常一起去图书馆学习。

   6) 他总是向我提出各种各样的问题。

   7) 我上中学的时候常常坐头班车。

   8) 以前他常常去中国。

1. 1) 我决定坐中国国航班机去。

   2) 我决定大学毕业以后考研究生。

   3) 他同意(了)我的意见。

   4) 他同意你去汉城。

   5) 我听说你去北京。(= 我听说了你去北京的消息。)

1. 1) 我明天去汉城。

   2) 他想尽快写完作业。

   3) 下(了)课以后我去找你。

   4) 去年去中国以前他还来看我一次。

2. 1) 昨天中午吃饭以前我没见过她。

   2) 希望你考上大学。

   3) 我要参加暑期汉语辅导班。

   4) 我将要去中国留学。

   5) 吃晚饭之前我接到了他的电话。

6) 不要给我买衣服，我已经有很多衣服了。

7) 他病刚好，想去外边晒太阳。

8) 他临走时说以后还要来这里看我。

1. 1) 我昨天去汉城参加了汉语水平考试。

2) 上个星期天我的一个朋友来医院看我了。

3) 我到图书馆去借了两本书。

4) 我打电话叫了两辆救护车。

2. 1) 那天晚上我去图书馆看书了。

2) 昨天下午他来学校参加了毕业典礼。

3) 上个礼拜我到郊外玩了几天。

4) 他跳到河里救出了那个小孩。

1. 1) 厂长让我买了一百本挂历。

2) 大家都劝他别走了。

2. 1) 他请我帮他一次忙。

2) 她求父母再替她说说情。

3) 大家都鼓励他继续努力，争取在期末考试中取得更好的成绩。

4) 同学们都劝他别走。

1. 1) A. 你好！

B. 你好！

C. 好久不见了！

D. 是啊，好久不见了！

2) A. 好久不见了，你最近去哪里了？

B. 我去了一趟北京。

3) A. 你现在干什么呢？

B. 洗衣服呢。

4) A. 雨停了吧？

B. 雨停了。

5) A. 你吃饭了吗？

B. 吃饭了。

1. 1) 他年轻的时候用凉水洗澡。
   2) 我刚才用英语跟他打了招呼。
   3) 他一直用录音机学英语。
   4) 他总是用自行车带我去学校。

2. 1) 他刚才用手推了我一次。
   2) 我一直用汉语跟他说话。
   3) 他天天用我的车上学校。
   4) 我已经用显微镜看过一次了。

1. 1) 他回头看着我笑了。
   2) 他们俩唱着歌回家了。
   3) 外面下着雨呢，别走了。
   4) 她正(在)听着音乐洗衣服呢。

2. 1) 他关切地看着我说。
   2) 我听着音乐写作业。
   3) 他对我笑着说："你怎么知道的?"
   4) 现在外面正下着雨呢。
   5) 哥哥跟弟弟正在吵架。
   6) 她低着头不说一句话。
   7) 他们鼓着掌欢迎我们。
   8) 他喘着气对我们说："不好了！小刘被车撞伤了！"

1. 1) 他们两个人一直坐在一起。
   2) 我们常常坐在草地上聊天。
   3) 他坐在沙发上看电视。
   4) 他们吃饭后躺在床上。
   5) 他一进屋就看见了挂在墙上的照片。
   6) 他把刚洗好的衣服挂在绳子上。

2. 1) 英姬坐在海边沉思(着)。
   2) 他一声不响地躺在那里，别人和他说话他也不理睬。
   3) 他坐在汽车里看报纸。
   4) 我喜欢躺在床上看书。

1. 1) 我看过这(部)电影。
   2) 我去过三次汉城。
   3) 那时还没读过莎士比亚的剧本。
   4) 大学时代我经常到古籍书店买减价书。
   5) 我从来没听说过这种话。

2. 1) 你以前去过哈尔滨吗？
   2) 这样的事发生过不少。
   3) 我没做过饭。
   4) 当时我经常到书店看书。
   5) 那个节目经常播送。
   6) 当时我很穷，每天只吃两顿饭。
   7) 我每天都用电脑写文章。
   8) 我在大学打过乒乓球。
   9) 他只知道学习，至今还没有谈过恋爱。
   10) 我来中国一年了，但我一次也没回过韩国。

1. 1) 他把药放入水中。
   2) 她把电影票放在桌子上了。
   3) 他把书包落在车上了。
   4) 她把车停在家门口了。
   5) 请把废纸放进垃圾箱里。
   6) 她把房间收拾得干干净净。

2. 1) 我就把信放在我提包里了。
   2) 我把花盆摆在窗台上了。
   3) 我把名字写在黑板上了。
   4) 我把烟头扔在走廊里了。
   5) 他们没把老师讲的话写下来。
   6) 我上午收到了两封信。
   7) 你先把孩子送走。
   8) 你应该把外语学好。
   9) 她刚把湿衣服脱掉。
   10) 大夫把她的病治好了。
   11) 请你离开的时候把门关上。
   12) 邮递员今天能把这些电报送到吗？
   13) 我应该把你的电话号码记住。
   14) 我没把花瓶放在桌子上。

1. 1) 我的脖子被蚊子咬了。

   2) 游行队伍被警察冲散了。

   3) 小羊被老虎吃了。

   4) 小说被他改编成剧本。

   5) 我们的申请被批准了。

2. 1) 他被(叫/让)坏人打了。

   2) 我被(叫/让)狗咬伤了。

   3) 弟弟被评上三好学生了。

   4) 他被一群孩子围住了。

   5) 地上的树叶被(叫/让)风刮走了。

   6) 这孩子上课不守纪律，下课以后被(叫/让)老师狠狠训了一顿。

   7) 这里晚上蚊子很多，他被(叫/让)蚊子咬得一宿没睡好觉。

   8) 衣服被(叫/让)雨淋湿了。

   9) 我去过中国，那时候被汉语迷住了。

1. 1) 为了避免差错，最好再检查一遍。

   2) 为这件事，大家都很高兴。

   3) 我们为了支援你们抽调了人力。

2. 1) 为了接中国客人，他去了汉城。

   2) 为了学计算机，我每天晚上都去学院。

   3) 为了准备考试，我今天不回家。

   4) 为了你能按时到达会场，我派车接你。

   5) 为办理借书证，他又去了一趟图书馆。

   6) 为了半路不出毛病，你还是先检查一遍吧。

1. 1) 我二哥是大学教授，三哥是公务员。

   2) 我老叔昨天回故乡看望爷爷去了。

   3) 他二妹妹今年考上大学了。

   4) 我大姐有两个孩子，大孩子六岁，小孩子两岁。

2. 1) 你三妹刚才来找过你一次，可你不在，她就走了。

   2) 你快去把你老叔请来。

   3) 她有两个女儿，大女儿现在在釜山工作，二女儿在汉城读研究生。

1. 1) 我认为那不是什么重要的事。

   2) 他是很不简单的人。

   3) 过去的事不要再提了。

   4) 这是我哥哥的书。

   5) 他就是我们的数学老师。

   6) 我们班有二十名男同学。

2. 1) 这个书包我是在百货商店买的。

   2) 为什么一个女的骑那么大的车?

   3) 这是一个多么好的方法啊！

   4) 她是我很要好的朋友。

   5) 她已经把写好的信寄出去了。

   6) 她把织好的毛衣又拆了。

   7) 已经回去的人又回来了。

   8) 去的人还没回来。

   9) 沈阳是中国最大的重工业城市。

   10) 公共汽车里有几类人。

   11) 韩国也有多种交通工具。

   12) 我看到了一张通红的脸。

   13) 这是我的笔记本。

   14) 请不要坐她妹妹的床。

1. 1) 今天我到书店去买书。

   2) 他去他情人那儿。

   3) 这个责任在我身上。

   4) 中国有很多韩国留学生。

2. 1) 我把书放在桌子上。

   2) 你晚上来吧，我在家△等你。

   3) 你把名子写在本子上就不会丢了。

   4) 我的帽子忘在屋子里了。

   5) 他在图书馆△看书。

   6) 他在北京一个贸易公司△工作。

1. 1) 他一本书也没买。
   2) 他一封信都没看。
   3) 到中国之后他一个电话也没给我打过。
   4) 你怎么一点面子都不给?
   5) 这里一个熟人也没有。
2. 1) 他刚来不几天,(连)一个人也(="都")不认识。
   2) 我们一起拍了不少照片,可是不知为什么一张也(="都")没洗出来。
   3) 这几天我(连)一个朋友也(="都")没见过。
   4) 这天儿真要命,怎么(连)一点风都(="也")没有?
   5) 我问了他半天,可他就是一句话都(="也")不说。
   6) 他让我替他买五张电影票,可是因为票太紧张,我至今连一张票都(="也")没买着。

1. 1) 谁都不知道这个句子的意思。
   2) 什么人都不能进去。
   3) 她哪儿都去过。
   4) 她怎么说都行(=没关系)。
2. 1) 你什么时候来都行。
   2) 她一进书店就什么书都想买。
   3) 他晚上看电视看到很晚,什么节目都看。
   4) 他这个人特别小气,谁都(="也")不要想借他的东西。
   5) 我年轻的时候什么活儿都干过。
   6) 他现在心烦,哪儿都(="也")不想去。

1. 1) 有个学生找你。
   2) 我有个朋友会说汉语。
   3) 他有个儿子去年考上北京大学了。
   4) 后面有几个人哭起来了。
   5) 他有个朋友出国了。
2. 1) 他有个哥哥在北京工作。
   2) 我没有在汉城工作的朋友。(=我没有朋友在汉城工作。)

3) 没有人跟他一起去。

4) 还没有人通知我呢。

203P **58**

1. 1) 我明天不来上课。

2) 我下午去学校。

3) 她去年考上了研究生。

4) 你下星期来一趟吧。

5) 他昨天生病了。

2. 1) 她打算明年去中国。

2) 三点我再来。

3) 你现在就去吧。

4) 明天我们开始考期末考试。

5) 我早上七点到的。

6) 下午他来过电话。

207P **59**

1. 1) 他明天去学校听课。

2) 你什么时候去图书馆还书?

3) 他常常来我这儿玩儿。

4) 我昨天去火车站买了三张卧铺票。

5) 咱们听着音乐聊天吧。

6) 我有很多新鲜事要告诉你。

2. 1) 她去同学家玩。

2) 我想去动物园看动物表演。

3) 你打算去那里看书。

4) 我在教室等你。

5) 我最近很忙,没有时间看电视。

6) 她笑着对我们说:"以后常来玩。"

210P 종합문제❶

1. 我一向主张这么做。

2. 他昨天也没有回家。

3. 车还没修好。

4. 我到他家的时候,他正在吃饭。

5. 那件大衣太贵,我买不起。

6. 今天下雨,去不了他家了。

7. 这个工作今天做得完。

8. 我学了一点儿汉语。

9. 他明天旅行回来。

10. 我现在跟中国人学习汉语。

11. 我对足球感兴趣。

12. 我为你准备中国菜。

13. (因为)昨天下雨,没能去。

14. 院子里有一条狗。

15. 他明天不去北京了。

16. 他能游五百米。

17. 你明天能走吗? / 你能明天走吗?

18. 过年的时候,我打算去中国旅行。

19. 我们计划下星期日出发。

20. 他吃过午饭了。

21. 我们学过第三课了。

22. 昨天晚上我看了一个电影。

23. 明天我吃了早饭就出去。

24. 昨天我看了电影就回家了。

25. 他现在是大学生了。

26. 他今年三月就毕业了。

27. 他(从)三月底(开始)就上班了。

28. 他等你(已经)等了一个小时了。
    他(已经)等(了)你一个小时了。

29. 我们认识两年了。

30. 他到北京(已经)一年多了。

31. 我(已经)有五年没回家了。

32. 我能看中文报纸了。

33. 我能用中文写信了。

34. 他很会做中国菜。

35. 我在听音乐呢。

36. 我看电影了。

37. 我看了那部电影。

38. 飞机到了北京了。

39. 飞机到了北京西郊的机场。

40. 我等了你两个小时了!

41. 他准备了五份儿饭。

42. 那条裤子太贵, 我买不起。

43. 你学了几年中文?
    你学中文学了几年?

44. 他去中国已经一年了。

45. 我两年没去看他了。

46. 下星期我们坐飞机去。

47. 他常来我这儿玩儿。

48. 我去中国旅行。

49. 我有办法解决这个问题。

50. 我没有资格参加保险。

51. 科长叫我去中国一趟。

52. 这次失败使他很失望。

53. 开完了会, 我就去食堂吃饭。

54. 每天晚上我看完报就睡觉。

55. 他正在看电视。

56. 他还在睡觉呢。
    他还在睡着呢。

57. 我想跟他商量商量。

58. 他连自己的名字都不会写。

59. 他什么也不知道。

60. 他结婚已经十年了。

61. 这件事我谁也没告诉。
    我跟谁也没说这件事。

62. 什么时候来都可以。

63. 我是跟他一起学习汉语的。
    我是跟他一起学习的汉语。

64. 他的身体比以前更(更加)结实了。

65. 上星期天他们没去参观展览会。

66. 晚上在宿舍里睡觉。

67. 上海有多少人口?

68. 我们把这个问题讨论讨论吧!
    我们讨论这个问题吧!

69. 我学了两年(的)中文。
    我学中文学了两年。

1. 我们等了一个小时。

2. 我每天看书。

3. 我没(有)给他写过信。

4. 我们还没有学第三课。

5. 以前他常常到我家来玩儿。

6. 昨天我看(了)电影了。

7. 他今天下午不能来了。

8. 他病全好了，能走路了。

9. 今天晚上我不想去看电影。

10. 我买了五个笔记本。

11. 他学了两年的汉语。

12. 你做完了作业来找我吧。

13. 我要去北京饭店看他。

14. 我没有把这本书看完。

15. 我在公园散步。

16. 我去中国旅行。

17. 我每天睡八个小时(觉)。

18. 大学的时候，他学过中文。

19. 我们同意帮助他。

20. 我们想办法解决这个问题。

21. 他坐在沙发上看电视。

22. 来到这里以后，我没生过病。

23. 他年轻的时候不吸烟。

24. 以前这个地方不下雨。

25. 昨天你看没看足球比赛?

26. 他们也(都)不会反对的。

27. 今年我去了，明年还想去一次。

28. 今天我去看电影了，明天我还要去。

29. 这件衣服明年冬天还可以穿。

30. 什么菜我都喜欢吃。

31. 你有什么意见都可以提。

32. 他给我来了一封信。

33. 老师经常关心我们。

34. 上午八点，开始上课。

35. 这个学校有很大的图书馆。

36. 我们开会把那个问题讨论一下。

37. 中文广播你能听懂吗?

38. 那件事他知道得很清楚。

39. 我还没把这封信写完。

40. 这个工程几年才能完工?

41. 他写字写得挺漂亮。

42. 你把病人送到医院去吧!

43. 那天我们学习到十二点钟。

44. 学生们都进教室去了。

45. 他参加过一次学校的运动会。

46. 每星期我们都学习一次古代汉语。

47. 我跟老师谈了一个小时(的)话。
    我跟老师谈话谈了一个小时。

48. 他去中国呆了一个星期。

49. 以前他在旅行社工作。

50. 你把这个句子翻译成中文。

51. 他们进礼堂去了吗?

52. 我是昨天来的。

53. 他不但会说汉语，还会说英语。

54. 他回中国去了。

55. 今天下了课，我就去找你。

56. 你能把这个作业一天就做完吗？

这个作业，你一天就能做完吗？

你一天就能做完这个作业吗？

57. 我见过他一次。

58. 我没有跟他一起去。

59. 你学了几个月中文了？

你学中文学了几个月了？

60. 我们跟金老师学汉语。

61. 我去过两次北京。

62. 昨天我工作很忙。

63. 今天下午有会。

64. 我从他那儿借了一万块钱。

我跟(向)他借了一万块钱。

65. 桌子上有很多书。

66. 昨天我去百货商店买了东西。

67. 他买了很多书。

68. 暑假期间我参观了很多地方。

69. 他把东西拿到屋里去了。

70. 我明天再把照相机还你，可以吗？

71. 我们把这个难题讨论讨论吧。

72. 我要把旅行需要带的东西准备好。

73. 我的朋友在南京大学学习。

74. 他在图书馆借了一本书。

75. 我学过两年中国文学史。

我学中国文学史学了两年。

76. 我们学习文字学已经学习了六个月了。

我们已经学习了六个月文字学了。

77. 他参加过很多次学校的运动会。

78. 他对足球非常感兴趣。

79. 我还没有见到他。

80. 到白头山照了很多相。

81. 我们从酒吧出来，就去了电影院。

82. 我去过很多地方。

83. 你正式学过汉语吗？

84. 我不会骑自行车。

226P 종합문제 ❸

1. 上海那几天一直(在)下雨。

2. 我在北京见过他一次。

3. 今年不比去年热。

4. 请把那两本书递给我。

5. 你昨天(是)几点睡觉的？

你昨天(是)几点睡的觉？

6. 他们在北京学习了一个半月。

7. 我对中国的京剧很感兴趣。

8. 他们身体都好吗？

9. 书架上的书都是他的。

10. 我喜欢看那个电影。

11. 吃完饭再走吧。

12. 这台电脑有点儿贵。

这台电脑不太贵。

13. 北京离上海有多远?

14. 我是跟他一起来的。

15. 她给我买了一条领带。

16. 今天我九点半才起来。

17. 他还没把那本书看完。

18. 我每天九点开始工作。

19. 我买了几支毛笔，还买了一张画儿。

20. 我们先去看电影，后来去咖啡馆喝咖啡。

21. 我把她的照片放在桌子上了。

22. 他游泳游得不好。

23. 我找不到眼镜了。

24. 你知道我的地址吗?

25. 王老师教我们汉语。

26. 我已经学过这个成语故事。

27. 你个子比我高。

    你个子比我高得多。

    你个子比我高很多。

28. 她得学四年德语。

29. 图书馆在体育馆的右边。

30. 小时候，我常常去滑冰。

31. 广场上坐着很多人。

32. 他最近不忙。

33. 为了帮我找工作，老师跟我谈了好几次话。

34. 昨天我去百货商店买了一套西服。

35. 他会说一点儿中国话。

36. 开完会，我们去打网球吧。

37. 我昨天刚从北京旅游回来。

38. 她跑得比我还快。

39. 明天上午开会。

40. 放了学，我们就去看电影吧。

41. 他坐在椅子上看电视。

42. 我们从王老师那儿学汉语。

43. 我去过两次香港。

44. 我好几次打电话给她了。

    我给她打了好几次电话。

45. 考试十点开始，他八点就到学校了。

46. 这台录像机比那台贵得多。

47. 明天下了课，我就去找你。

48. 他从五点锻炼到六点。

49. 她以前不喝酒。

50. 我是前天来的。

51. 你还没把药吃完吗?

52. 一张画儿挂在房间里。

53. 他们进礼堂去了吗?

54. 老师让我们把这段文章翻译成英文。

55. 他躺在床上看书。

56. 他没在听录音。

57. 他从来没去过中国。

58. 我想去加拿大留学。